새로운 양한 자료
동양북스 홈페이지에서 만나보세요!

홈페이지 활용하여 외국어 실력 두 배 늘리기!

홈페이지 이렇게 활용해보세요!

1 도서 자료실에서 학습자료 및 MP3 무료 다운로드!

❶ 도서 자료실 클릭
❷ 검색어 입력
❸ MP3, 정답과 해설, 부가자료 등
   첨부파일 다운로드

* 원하는 자료가 없는 경우 '요청하기' 클릭!

2 동영상 강의를 어디서나 쉽게! 외국어부터 바둑까지!

500만 독자가 선택한

가장 쉬운
독학 일본어 첫걸음
14,000원

가장 쉬운
독학 중국어 첫걸음
14,000원

가장 쉬운
독학 베트남어 첫걸음
15,000원

가장 쉬운
독학 스페인어 첫걸음
15,000원

가장 쉬운
독학 프랑스어 첫걸음
16,500원

가장 쉬운
독학 태국어 첫걸음
16,500원

가장 쉬운
프랑스어 첫걸음의 모든 것
17,000원

가장 쉬운
독일어 첫걸음의 모든 것
18,000원

가장 쉬운
스페인어 첫걸음의 모든 것
14,500원

중국어뱅크

이지 차이니즈 300

왕초보도
쉽게 배우는
중국어

미니북

<이지 차이니즈 300>의 본문 표현을 담은 미니북입니다.
파트별로 MP3 파일을 들으며 따라 읽어 본 후, 한국어
해석을 참고하여 말해 보세요.

🎧 S001-004

니³ 하오³

001 你好!

Nǐ hǎo!

자오³샹⁰ 하오³

002 早上好!

Zǎoshang hǎo!

따⁴지아¹ 하오³

003 大家好!

Dàjiā hǎo!

라오³스¹ 하오³

004 老师好!

Lǎoshī hǎo!

🎧 S005-008

니³ 하오³ 마⁰

005 你好吗?

Nǐ hǎo ma?

워³ 헌³ 하오³,　씨에⁴씨에⁰

006 我很好，谢谢!

Wǒ hěn hǎo,　xièxie!

뚜에이⁴부⁰치³

007 对不起!

Duìbuqǐ!

메이² 꽌¹시⁰

008 没关系。

Méi guānxi.

🎧 S009-012

최¹ 판⁴ 러⁰ 마⁰

009 吃饭了吗?

Chī fàn le ma?

최¹ 판⁴ 러⁰

010 吃饭了。

Chī fàn le.

하오³칙¹ 마⁰

011 好吃吗?

Hǎochī ma?

헌³ 하오³칙¹

012 很好吃。

Hěn hǎochī.

🎧 S013-016

하오³ 지우³ 부² 찌엔⁴

013 好久不见!

Hǎo jiǔ bú jiàn!

싀⁴ 아⁰, 　　하오³ 지우³ 부² 찌엔⁴

014 是啊，好久不见!

Shì a, 　　hǎo jiǔ bú jiàn!

짜이⁴ 찌엔⁴

015 再见!

Zài jiàn!

씨아⁴츠⁴ 찌엔⁴

016 下次见。

Xiàcì jiàn.

Expression 017-020

🎧 S017-020

런⁴싀⁰ 니³ 헌³ 까오¹씽⁴

017 认识你很高兴。

Rènshi nǐ hěn gāoxìng.

워³ 예³ 헌³ 까오¹씽⁴

018 我也很高兴。

Wǒ yě hěn gāoxìng.

니³ 찌아오⁴ 션²머⁰ 밍²쯔⁰

019 你叫什么名字?

Nǐ jiào shénme míngzi?

워³ 찌아오⁴ 찐¹ 민²씨우⁴

020 我叫金民秀。

Wǒ jiào Jīn Mínxiù.

001 | 안녕하세요!

002 | 좋은 아침입니다!

003 | 여러분, 안녕하세요!

004 | 선생님, 안녕하세요!

005 | 잘 지내십니까?

006 | 잘 지냅니다. 감사합니다!

007 | 미안합니다!

008 | 괜찮습니다.

009 | 식사하셨어요?

010 | 먹었습니다.

011 | 맛있습니까?

012 | 아주 맛있어요.

013 | 오래간만입니다!

014 | 그래요, 오래간만이네요!

015 | 안녕히 가세요!

016 | 다음에 봐요!

017 | 당신을 알게 되어 매우 반갑습니다.

018 | 저도 매우 반갑습니다.

019 | 당신의 이름은 무엇입니까?

020 | 제 이름은 김민수입니다.

🎧 S021-024

니³ 싀⁴ 쉐²셩⁰ 마⁰

021

你是学生吗?

Nǐ shì xuésheng ma?

싀⁴,　워³ 싀⁴ 따⁴ 쉐² 셩⁰

022

是，我是大学生。

Shì,　wǒ shì dàxuésheng.

니³ 싀⁴ 나³거⁰ 따⁴쉐² 더⁰ 쉐²셩⁰

023

你是哪个大学的学生?

Nǐ shì nǎge dàxué de xuésheng?

워³ 싀⁴ 한²싀⁴ 따⁴쉐² 더⁰ 쉐²셩⁰

024

我是韩世大学的学生。

Wǒ shì Hánshì Dàxué de xuésheng.

🎧 S025-028

니³ 싀⁴ 쭝¹구어²런² 마⁰

025 你是中国人吗?

Nǐ shì Zhōngguórén ma?

부² 싀⁴, 워³ 싀⁴ 한²구어²런²

026 不是，我是韩国人。

Bú shì, wǒ shì Hánguórén.

니³ 지아¹ 요우³ 지³ 코우³ 런²

027 你家有几口人?

Nǐ jiā yǒu jǐ kǒu rén?

워³ 지아¹ 요우³ 쓰⁴ 코우³ 런²

028 我家有四口人。

Wǒ jiā yǒu sì kǒu rén.

🎧 S029-032

니³ 지아¹ 또우¹ 요우³ 션²머⁰ 런²

029 你家都有什么人?

Nǐ jiā dōu yǒu shénme rén?

빠⁴바⁰,　　마¹마⁰,　　메이⁴메이⁰ 허² 워³

030 爸爸、　妈妈、　妹妹和我。

Bàba、　　mǎma、　　mèimei hé wǒ.

찐¹니엔² 니³ 뚜어¹ 따⁴

031 今年你多大?

Jīnnián nǐ duōdà?

찐¹니엔² 얼⁴싀² 쑤에이⁴

032 今年二十岁。

Jīnnián èrshí suì.

🎧 S033-036

니³ 더⁰ 쭈안¹이에⁴ 싀⁴ 션²머⁰

033 你的专业是什么？

Nǐ de zhuānyè shì shénme?

워³ 더⁰ 쭈안¹이에⁴ 싀⁴ 쭝¹원²

034 我的专业是中文。

Wǒ de zhuānyè shì Zhōngwén.

니³ 지아¹ 짜이⁴ 날³

035 你家在哪儿？

Nǐ jiā zài nǎr?

워³ 지아¹ 짜이⁴ 쇼우³얼³

036 我家在首尔。

Wǒ jiā zài Shǒu'ěr.

Expression 037-040

씨엔⁴짜이⁴ 니³ 짜이⁴ 날³

037 现在你在哪儿?

Xiànzài nǐ zài nǎr?

씨엔⁴짜이⁴ 워³ 짜이⁴ 투²슈¹관³

038 现在我在图书馆。

Xiànzài wǒ zài túshūguǎn.

씨엔⁴짜이⁴ 니³ 취⁴ 날³

039 现在你去哪儿?

Xiànzài nǐ qù nǎr?

씨엔⁴짜이⁴ 워³ 취⁴ 쉐²씨아오⁴

040 现在我去学校。

Xiànzài wǒ qù xuéxiào.

021 | 당신은 학생입니까?

022 | 네 저는 대학생입니다.

023 | 당신은 어느 대학 학생입니까?

024 | 저는 한세대학교 학생입니다.

025 | 당신은 중국 사람입니까?

026 | 아니요, 저는 한국인입니다.

027 | 당신의 가족은 몇 명입니까?

028 | 제 가족은 네 명입니다.

029 | 가족은 누가 있습니까?

030 | 아버지, 어머니, 여동생 그리고 제가 있습니다.

031 | 올해 당신은 몇 살입니까?

032 | 올해 스무 살입니다.

033 | 당신의 전공은 무엇입니까?

034 | 나의 전공은 중국어입니다.

035 | 당신의 집은 어디에 있습니까?

036 | 나의 집은 서울에 있습니다.

037 | 지금 당신은 어디에 계세요?

038 | 지금 저는 도서관에 있어요.

039 | 지금 당신은 어디에 가세요?

040 | 지금 저는 학교에 갑니다.

🎧 S041-044

찐¹티엔¹ 씽¹치¹ 지³

041 今天星期几?

Jīntiān xīngqī jǐ?

찐¹티엔¹ 씽¹치¹싼¹

042 今天星期三。

Jīntiān xīngqīsān.

밍²티엔¹ 지³ 위에⁴ 지³ 하오⁴

043 明天几月几号?

Míngtiān jǐ yuè jǐ hào?

밍²티엔¹ 지우³ 위에⁴ 스²우³ 하오⁴

044 明天九月十五号。

Míngtiān jiǔ yuè shíwǔ hào.

Expression 045-048

니³ 더⁰ 셩¹르⁴ 싀⁴ 지³ 위에⁴ 지³ 하오⁴

045 你的生日是几月几号?

Nǐ de shēngrì shì jǐ yuè jǐ hào?

워³ 더⁰ 셩¹르⁴ 싀⁴ 싀²얼 위에⁴ 얼⁴싀²쓰⁴ 하오⁴

046 我的生日是十二月二十四号。

Wǒ de shēngrì shì shí'èr yuè èrshísì hào.

쭈⁴ 니³ 셩¹르⁴ 콰이⁴러⁴

047 祝你生日快乐!

Zhù nǐ shēngrì kuàilè!

씨에⁴씨에⁰

048 谢谢!

Xièxie!

Expression 049-052

🎧 S049-052

밍²티엔¹ 씨아⁴우³ 니³ 짜이⁴ 날³

049 明天下午你在哪儿?

Míngtiān xiàwǔ nǐ zài nǎr?

밍²티엔¹ 씨아⁴우³ 워³ 짜이⁴ 쉐²씨아오⁴

050 明天下午我在学校。

Míngtiān xiàwǔ wǒ zài xuéxiào.

쪼우¹모⁴ 니³ 쭈어⁴ 션²머⁰

051 周末你做什么?

Zhōumò nǐ zuò shénme?

쪼우¹모⁴ 워³ 칸⁴ 띠엔⁴잉³

052 周末我看电影。

Zhōumò wǒ kàn diànyǐng.

🎧 S053-056

찐¹티엔¹ 요우³ 싀²지엔¹ 마⁰

053 今天有时间吗?

Jīntiān yǒu shíjiān ma?

찐¹티엔¹ 메이²요우³ 싀²지엔¹, 밍²티엔¹ 요우³ 싀²지엔¹

054 今天没有时间, 明天有时间。

Jīntiān méiyǒu shíjiān,　　 míngtiān yǒu shíjiān.

찐¹티엔¹ 티엔¹치⁴ 전³머⁰양⁴

055 今天天气怎么样?

Jīntiān tiānqì zěnmeyàng?

찐¹티엔¹ 티엔¹치⁴ 헌³ 하오³

056 今天天气很好。

Jīntiān tiānqì hěn hǎo.

Expression 057-060

니³ 쭈에이⁴찐⁴ 전³머º양⁴

057 你最近怎么样?

Nǐ zuìjìn zěnmeyàng?

쭈에이⁴찐⁴ 헌³ 망²

058 最近很忙。

Zuìjìn hěn máng.

씨엔⁴짜이⁴ 지³ 디엔³

059 现在几点?

Xiànzài jǐ diǎn?

씨엔⁴짜이⁴ 량³ 디엔³ 싀²우³ 펀¹

060 现在两点十五分。

Xiànzài liǎng diǎn shíwǔ fēn.

Part 03 041-060 19

041 | 오늘은 무슨 요일입니까?

042 | 오늘은 수요일입니다.

043 | 내일은 몇 월 며칠입니까?

044 | 내일은 9월 15일입니다.

045 | 당신의 생일은 몇 월 며칠입니까?

046 | 제 생일은 12월 24일입니다.

047 | 생일 축하합니다!

048 | 감사합니다!

049 | 내일 오후에 당신은 어디에 있습니까?

050 | 내일 오후에 나는 학교에 있습니다.

051 | 주말에 당신은 무엇을 합니까?

052 | 주말에 저는 영화를 봅니다.

053 | 오늘 시간이 있습니까?

054 | 오늘은 시간이 없습니다. 내일 시간이 있습니다.

055 | 오늘 날씨가 어떻습니까?

056 | 오늘 날씨가 아주 좋습니다.

057 | 요즘 어떻게 지내세요?

058 | 요즘 바쁩니다.

059 | 지금은 몇 시입니까?

060 | 지금은 2시 15분입니다.

🎧 S061-064

061

밍²티엔¹ 워³먼⁰ 이⁴치³ 츨¹ 판⁴,　　전³머⁰양⁴

明天我们一起吃饭，怎么样？

Míngtiān wǒmen yìqǐ chī fàn,　zěnmeyàng?

062

하오³,　　지³ 디엔³ 찌엔⁴

好，几点见？

Hǎo,　jǐ diǎn jiàn?

063

니³ 시³환⁰ 츨¹ 션²머⁰ 차이⁴

你喜欢吃什么菜？

Nǐ xǐhuan chī shénme cài?

064

워³ 시³환⁰ 츨¹ 쭝¹구어²차이⁴

我喜欢吃中国菜。

Wǒ xǐhuan chī zhōngguócài.

Expression 065-068

게이³ 워³ 르어⁴슈에이³

065 给我热水。

Gěi wǒ rèshuǐ.

하오³, 덩³ 이²씨아⁴

066 好，等一下。

Hǎo, děng yíxià.

니³ 메이³티엔¹ 지³ 디엔³ 후에이² 지아¹

067 你每天几点回家？

Nǐ měitiān jǐ diǎn huí jiā?

워³ 메이³티엔¹ 완³샹⁰ 싀² 디엔³ 후에이² 지아¹

068 我每天晚上十点回家。

Wǒ měitiān wǎnshang shí diǎn huí jiā.

🎧 S069-072

쭈에이⁴찐⁴ 망² 뿌⁰ 망²

069

最近忙不忙?

Zuìjìn máng bu máng?

부² 타이⁴ 망²

070

不太忙。

Bú tài máng.

시³쇼우³지엔¹ 짜이⁴ 날³

071

洗手间在哪儿?

Xǐshǒujiān zài nǎr?

시³쇼우³지엔¹ 짜이⁴ 치엔²미엔⁴

072

洗手间在前面。

Xǐshǒujiān zài qiánmiàn.

S073-076

니³ 더⁰ 아이⁴하오⁴ 싀⁴ 션²머⁰

073 你的爱好是什么？

Nǐ de àihào shì shénme?

워³ 더⁰ 아이⁴하오⁴ 싀⁴ 칸⁴ 띠엔⁴잉³

074 我的爱好是看电影。

Wǒ de àihào shì kàn diànyǐng.

니³ 시³환⁰ 션²머⁰ 윈⁴똥⁴

075 你喜欢什么运动？

Nǐ xǐhuan shénme yùndòng?

워³ 시³환⁰ 요우²용³

076 我喜欢游泳。

Wǒ xǐhuan yóuyǒng.

Expression 077-080

🎧 S077-080

니³ 츠¹구어⁰ 쭝¹구어²차이⁴ 마⁰

077 你吃过中国菜吗?

Nǐ chīguo zhōngguócài ma?

츠¹구어⁰ 쭝¹구어²차이⁴

078 吃过中国菜。

Chīguo zhōngguócài.

니³ 칸⁴구어⁰ 쭝¹구어² 띠엔⁴잉³ 마⁰

079 你看过中国电影吗?

Nǐ kànguo Zhōngguó diànyǐng ma?

메이²요우³ 칸⁴구어⁰ 쭝¹구어² 띠엔⁴잉³

080 没有看过中国电影。

Méiyǒu kànguo Zhōngguó diànyǐng.

061 | 내일 우리 함께 식사하는 게 어때요?

062 | 좋아요, 몇 시에 만날까요?

063 | 당신은 무슨 음식을 좋아합니까?

064 | 저는 중국 음식을 좋아합니다.

065 | 뜨거운 물 좀 주세요.

066 | 알겠습니다. 잠시만 기다려 주세요.

067 | 당신은 매일 몇 시에 집에 갑니까?

068 | 매일 저녁 10시에 집에 갑니다.

069 | 요즘 바쁘십니까?

070 | 그다지 바쁘지 않습니다.

071 | 화장실은 어디에 있습니까?

072 | 화장실은 앞에 있습니다.

073 | 당신의 취미는 무엇입니까?

074 | 나의 취미는 영화 보는 것입니다.

075 | 당신은 무슨 운동을 좋아합니까?

076 | 나는 수영을 좋아합니다.

077 | 당신은 중국 음식을 먹어 본 적이 있습니까?

078 | 중국 음식을 먹어 본 적이 있습니다.

079 | 당신은 중국 영화를 본 적이 있습니까?

080 | 중국 영화를 본 적이 없습니다.

🎧 S081-084

쭝¹구어²차이⁴ 전³ 머⁰ 양⁴

081

中国菜怎么样?

Zhōngguócài zěnmeyàng?

쭝¹구어²차이⁴ 헌³ 하오³츨¹

082

中国菜很好吃。

Zhōngguócài hěn hǎochī.

쩌⁴거⁰ 쪼우¹모⁴ 니³ 쭈어⁴ 션²머⁰

083

这个周末你做什么?

Zhège zhōumò nǐ zuò shénme?

쩌⁴거⁰ 쪼우¹모⁴ 워³ 다³꿍¹

084

这个周末我打工。

Zhège zhōumò wǒ dǎgōng.

Expression 085-088

니³ 야오⁴ 마이³ 션²머⁰

085 你要买什么?

Nǐ yào mǎi shénme?

워³ 야오⁴ 마이³ 슈에이³구어³

086 我要买水果。

Wǒ yào mǎi shuǐguǒ.

니³ 야오⁴ 마이³ 션²머⁰ 슈에이³구어³

087 你要买什么水果?

Nǐ yào mǎi shénme shuǐguǒ?

워³ 야오⁴ 마이³ 핑²구어³

088 我要买苹果。

Wǒ yào mǎi píngguǒ.

🎧 S089-092

089

푸⁴찐⁴ 요우³ 샹¹띠엔⁴ 마⁰

附近有商店吗?

Fùjìn yǒu shāngdiàn ma?

090

요우³, 짜이⁴ 치엔²미엔⁴

有，在前面。

Yǒu, zài qiánmiàn.

091

니³ 쭈어⁴ 션²머⁰ 꽁¹쭈어⁴

你做什么工作?

Nǐ zuò shénme gōngzuò?

092

워³ 싀⁴ 꽁¹쓰¹ 즤²위엔²

我是公司职员。

Wǒ shì gōngsī zhíyuán.

🎧 S093-096

쉐²씨아오⁴ 리² 니³ 지아¹ 위엔³ 마º

093 学校离你家远吗?

Xuéxiào lí nǐ jiā yuǎn ma?

뿌⁴ 위엔³,　헌³ 찐⁴

094 不远，很近。

Bù yuǎn,　hěn jìn.

베이³징¹ 리² 쩔⁴ 위엔³ 마º

095 北京离这儿远吗?

Běijīng lí zhèr yuǎn ma?

부² 타이⁴ 위엔³.　쭈어⁴ 페이¹지¹ 량³ 거º 시아오³스²

096 不太远。坐飞机两个小时。

Bú tài yuǎn.　Zuò fēijī liǎng ge xiǎoshí.

🎧 S097-100

띠⁴ 티에³ 짠⁴ 리² 쩔⁴ 위엔³ 마⁰

097 地铁站离这儿远吗?

Dìtiězhàn lí zhèr yuǎn ma?

뿌⁴, 조우³루⁴ 우³ 펀¹쫑¹

098 不，走路五分钟。

Bù, zǒulù wǔ fēnzhōng.

인²항² 짜이⁴ 날³

099 银行在哪儿?

Yínháng zài nǎr?

인²항² 짜이⁴ 투²슈¹관³ 팡²비엔¹

100 银行在图书馆旁边。

Yínháng zài túshūguǎn pángbiān.

081 | 중국 음식은 어떻습니까?

082 | 중국 음식은 맛있습니다.

083 | 이번 주말에 무엇을 합니까?

084 | 이번 주말에 아르바이트를 합니다.

085 | 무엇을 사려고 합니까?

086 | 과일을 사려고 합니다.

087 | 당신은 무슨 과일을 사려고 합니까?

088 | 사과를 사려고 합니다.

089 | 근처에 상점이 있습니까?

090 | 있습니다. 앞에 있습니다.

091 | 당신의 직업은 무엇입니까?

092 | 나는 회사원입니다.

093 | 학교는 당신 집에서 멉니까?

094 | 멀지 않습니다. 가깝습니다.

095 | 베이징은 여기에서 멉니까?

096 | 그다지 멀지 않습니다. 비행기로 두 시간 걸립니다.

097 | 지하철역은 여기에서 멉니까?

098 | 아니요. 걸어서 5분이면 도착합니다.

099 | 은행은 어디에 있습니까?

100 | 은행은 도서관 옆에 있습니다.

PART 06

Expression 101-104

🎧 S101-104

니³ 더⁰ 쇼우³지¹ 하오⁴마³ 싀⁴ 뚜어¹샤오⁰

101 你的手机号码是多少?

Nǐ de shǒujī hàomǎ shì duōshao?

워³ 더⁰ 쇼우³지¹ 하오³마³ 싀⁴

102 我的手机号码是

Wǒ de shǒujī hàomǎ shì

링² 야오¹ 링² 얼⁴ 싼¹ 쓰⁴ 우³ 리우⁴ 치¹ 빠¹ 지우³

零一零二三四五六七八九。

líng yāo líng èr sān sì wǔ liù qī bā jiǔ.

웨이², 찐¹ 라오³싀¹ 짜이⁴ 마⁰

103 喂, 金老师在吗?

Wéi, Jīn lǎoshī zài ma?

타¹ 짜이⁴, 칭³ 덩³ 이²씨아⁴

104 他在, 请等一下。

Tā zài, qǐng děng yíxià.

Expression 105-108

슈³찌아⁴ 니³ 야오⁴ 쭈어⁴ 션²머⁰

105 暑假你要做什么？

Shǔjià nǐ yào zuò shénme?

슈³찌아⁴ 워³ 야오⁴ 취⁴ 뤼³씽²

106 暑假我要去旅行。

Shǔjià wǒ yào qù lǚxíng.

워³먼⁰ 션²머⁰ 스²호우⁰ 찌엔⁴

107 我们什么时候见？

Wǒmen shénme shíhou jiàn?

씽¹치¹리우⁴ 완³상⁰ 치¹ 디엔³ 찌엔⁴

108 星期六晚上七点见。

Xīngqīliù wǎnshang qī diǎn jiàn.

Expression 109-112

109

핑²구어³ 이⁴ 찐¹ 뚜어¹샤오⁰ 치엔²

苹果一斤多少钱?

Píngguǒ yì jīn duōshao qián?

110

핑²구어³ 이⁴ 찐¹ 런²민²삐⁴ 얼⁴스² 위엔²

苹果一斤人民币二十元。

Píngguǒ yì jīn rénmínbì èrshí yuán.

111

쩌⁴거⁰ 싼¹바이³ 콰이⁴

这个三百块。

Zhège sānbǎi kuài.

112

타이⁴ 꾸에이⁴ 러⁰, 피엔²이⁰ 디얼³ 바⁰

太贵了，便宜点儿吧。

Tài guì le,　　piányi diǎnr ba.

Expression 113-116

니³ 션²머⁰ 싀²호우⁰ 팡⁴찌아⁴

113 你什么时候放假?

Nǐ shénme shíhou fàngjià?

씨아⁴ 거⁰ 위에⁴ 팡⁴찌아⁴

114 下个月放假。

Xià ge yuè fàngjià.

니³ 션²머⁰ 싀²호우⁰ 요우³ 싀²지엔¹

115 你什么时候有时间?

Nǐ shénme shíhou yǒu shíjiān?

쩌⁴거⁰ 씽¹치¹리우⁴ 요우³ 싀²지엔¹

116 这个星期六有时间。

Zhège xīngqīliù yǒu shíjiān.

🎧 S117-120

나⁴ 스⁴ 션²머⁰

117
那是什么?
Nà shì shénme?

뚜에이⁴부⁰치³, 워³ 뿌⁴ 즤¹따오⁴

118
对不起，我不知道 。
Duìbuqǐ, wǒ bù zhīdào.

타¹ 스⁴ 셰이²

119
他是谁?
Tā shì shéi?

타¹ 스⁴ 워³ 더⁰ 뉘³ 펑²요우⁰

120
他是我的女朋友。
Tā shì wǒ de nǚ péngyou.

101 | 당신의 휴대전화 번호는 몇 번입니까?

102 | 제 휴대전화 번호는 010-2345-6789입니다.

103 | 여보세요. 김 선생님 계십니까?

104 | 계십니다. 잠시만요.

105 | 여름 방학 때 무엇을 하려고 합니까?

106 | 여름 방학 때 저는 여행을 가려고 합니다.

107 | 우리 언제 만날까요?

108 | 토요일 저녁 7시에 만납시다.

109 | 사과 한 근에 얼마입니까?

110 | 사과 한 근에 인민폐 20위안입니다

111 | 이것은 300위안입니다.

112 | 너무 비쌉니다. 좀 깎아 주세요.

113 | 당신은 언제 방학합니까?

114 | 다음 달에 방학합니다.

115 | 당신은 언제 시간이 있습니까?

116 | 이번 주 토요일에 시간이 됩니다.

117 | 저것은 무엇입니까?

118 | 미안합니다. 모르겠습니다.

119 | 그녀는 누구입니까?

120 | 그녀는 나의 여자친구입니다.

🎧 S121-124

121

닌² 츠¹바오³ 러⁰ 마⁰

您吃饱了吗?

Nín chībǎo le ma?

122

츠¹바오³ 러⁰,   씨에⁴씨에⁰

吃饱了，谢谢。

Chībǎo le,   xièxie.

123

니³먼⁰ 팅¹둥³ 러⁰ 마⁰

你们听懂了吗?

Nǐmen tīngdǒng le ma?

124

뚜에이⁴부⁰치³,   팅¹부⁰둥³,   칭³ 짜이⁴ 슈어¹ 이² 츠⁴

对不起，听不懂，请再说一次。

Duìbuqǐ,   tīngbudǒng,   qǐng zài shuō yí cì.

Expression 125-128

쩌⁴리⁰ 커³이³ 샹⁴왕³ 마⁰

125 这里可以上网吗?

Zhèli kěyǐ shàngwǎng ma?

커³이³,　와이파이 미⁴마³ 싀⁴ 얼⁴ 싼¹ 쓰⁴ 우³

126 可以，WiFi密码是二三四五。

Kěyǐ,　WiFi mìmǎ shì èr sān sì wǔ.

쩌⁴ 푸⁴찐⁴ 요우³ 요우³밍² 더⁰ 징³디엔³ 마⁰

127 这附近有有名的景点吗?

Zhè fùjìn yǒu yǒumíng de jǐngdiǎn ma?

요우³,　구⁴궁¹ 허² 이²허²위엔² 또우¹ 헌³ 피아오⁴량⁰

128 有，故宫和颐和园都很漂亮。

Yǒu,　Gùgōng hé Yíhéyuán dōu hěn piàoliang.

🎧 S129-132

쩌⁴ 푸⁴찐⁴ 요우³ 하오³츠¹ 더⁰ 찬⁴팅¹ 마⁰

129 这附近有好吃的餐厅吗?

Zhè fùjìn yǒu hǎochī de cāntīng ma?

요우³, 치엔²미엔⁴ 요우³ 후어³구어¹띠엔⁴

130 有，前面有火锅店。

Yǒu, qiánmiàn yǒu huǒguōdiàn.

푸²우⁴위엔², 게이³ 워³ 차이⁴딴¹ 하오³ 마⁰

131 服务员，给我菜单好吗?

Fúwùyuán, gěi wǒ càidān hǎo ma?

하오³더⁰, 마³샹⁴ 게이³ 닌²

132 好的，马上给您。

Hǎo de, mǎshàng gěi nín.

Expression 133-136

니³먼⁰ 찬¹팅¹ 더⁰ 터⁴써⁴차이⁴ 스⁴ 션²머⁰

133 你们餐厅的特色菜是什么?

Nǐmen cāntīng de tèsècài shì shénme?

워³먼⁰ 더⁰ 터⁴써⁴차이⁴ 스⁴ 베이³징¹카오³야¹

134 我们的特色菜是北京烤鸭。

Wǒmen de tèsècài shì Běijīngkǎoyā.

쩌⁴거⁴ 용⁴ 한⁴위³ 전³머⁰ 슈어¹

135 这个用汉语怎么说?

Zhège yòng Hànyǔ zěnme shuō?

한⁴위³ 찌아오⁴ 구어³즈¹

136 汉语叫果汁。

Hànyǔ jiào guǒzhī.

🎧 S137-140

니³ 야오⁴ 허¹ 카¹페이¹ 하이²싀⁰ 차²

137 你要喝咖啡还是茶?

Nǐ yào hē kāfēi háishi chá?

워³ 야오⁴ 허¹ 카¹페이¹

138 我要喝咖啡。

Wǒ yào hē kāfēi.

푸²우⁴위엔², 워³ 야오⁴ 디엔³ 차이⁴

139 服务员，我要点菜。

Fúwùyuán, wǒ yào diǎn cài.

하오³, 니³ 야오⁴ 디엔³ 션²머⁰ 차이⁴

140 好，你要点什么菜?

Hǎo, nǐ yào diǎn shénme cài?

121 | 맛있게 드셨습니까?

122 | 맛있게 먹었습니다. 감사합니다.

123 | 여러분 이해하셨어요?

124 | 미안합니다. 못 알아들었습니다. 다시 한 번 말씀해 주세요.

125 | 여기에서 인터넷을 할 수 있습니까?

126 | 가능합니다. WiFi 비밀번호는 2345입니다.

127 | 이 근처에 유명한 경관이 있습니까?

128 | 있습니다. 고궁과 이화원 모두 아름답습니다.

129 | 이 근처에 맛있는 식당이 있습니까?

130 | 있습니다. 앞에 중국식 샤브샤브 식당이 있습니다.

131 | 여기요(종업원을 부름), 메뉴 좀 주시겠어요?

132 | 알겠습니다. 금방 가져다 드릴게요.

133 | 이 식당의 특색 요리는 무엇입니까?

134 | 우리의 특색 요리는 북경오리구이입니다.

135 | 이것을 중국어로 어떻게 말합니까?

136 | 중국어로 '구어찌'라고 합니다.

137 | 커피를 마시겠습니까? 아니면 차를 마시겠습니까?

138 | 저는 커피를 마시겠습니다.

139 | 여기요(종업원을 부름), 주문하겠습니다.

140 | 네, 어떤 요리를 주문하시겠습니까?

PART 08

Expression 141-144

141

푸²우⁴위엔², 워³ 야오⁴ 마이³딴¹. 뚜어¹샤오⁰ 치엔²

服务员，我要买单。多少钱?

Fúwùyuán, wǒ yào mǎidān. Duōshao qián?

142

이²꽁⁴ 쓰⁴바이³ 우³싀² 콰이⁴

一共四百五十块。

Yígòng sìbǎi wǔshí kuài.

143

니³ 후에이⁴ 슈어¹ 한⁴위³ 마⁰

你会说汉语吗?

Nǐ huì shuō Hànyǔ ma?

144

워³ 후에이⁴ 슈어¹ 이⁴디얼³

我会说一点儿。

Wǒ huì shuō yìdiǎnr.

Expression 145-148

타¹ 더⁰ 한⁴위³ 전³머⁰양⁴

145 他的汉语怎么样?

Tā de Hànyǔ zěnmeyàng?

타¹ 더⁰ 한⁴위³ 헌³ 하오³

146 他的汉语很好。

Tā de Hànyǔ hěn hǎo.

니³ 후에이⁴ 쭈어⁴ 쭝¹구어²차이⁴ 마⁰

147 你会做中国菜吗?

Nǐ huì zuò zhōngguócài ma?

부² 후에이⁴, 메이²요우³ 쭈어⁴구어⁰

148 不会，没有做过。

Bú huì, méiyǒu zuòguo.

Expression 149-152

149

밍²티엔¹ 쯍¹우³ 카이¹후에이⁴, 니³ 넝² 뿌º 넝² 찬¹지아¹

明天中午开会，你能不能参加?

Míngtiān zhōngwǔ kāihuì, nǐ néng bu néng cānjiā?

150

뚜에이⁴부º치³, 워³ 요우³ 싀⁴, 뿌⁴ 넝² 찬¹지아¹

对不起，我有事，不能参加。

Duìbuqǐ, wǒ yǒu shì, bù néng cānjiā.

151

쉐²씨아오⁴ 리º 넝² 뿌º 넝² 초우¹이엔¹

学校里能不能抽烟?

Xuéxiào li néng bu néng chōuyān?

152

땅¹란² 뿌⁴ 커³이³

当然不可以。

Dāngrán bù kěyǐ.

Expression 153-156

쩔⁴ 푸⁴찐⁴ 요우³ 이¹위엔⁴ 마⁰

153 这儿附近有医院吗?

Zhèr fùjìn yǒu yīyuàn ma?

요우³, 왕³ 치엔² 조우³

154 有，往前走。

Yǒu, wǎng qián zǒu.

니³ 날³ 뿌⁴ 슈¹푸⁰

155 你哪儿不舒服?

Nǐ nǎr bù shūfu?

워³ 토우²텅², 파¹샤오¹

156 我头疼，发烧。

Wǒ tóuténg, fāshāo.

48

Expression 157-160

🎧 S157-160

니³ 시³환⁰ 션²머⁰ 이엔²써⁴

157 你喜欢什么颜色？

Nǐ xǐhuan shénme yánsè ?

워³ 시³환⁰ 란²써⁴

158 我喜欢蓝色。

Wǒ xǐhuan lánsè.

쩌⁴ 찌엔⁴ 이¹푸⁰ 전³머⁰양⁴

159 这件衣服怎么样？

Zhè jiàn yīfu zěnmeyàng?

하이² 커²이³,　　이엔²써⁴ 헌³ 하오³칸⁴

160 还可以，颜色很好看。

Hái kěyǐ,　　yánsè hěn hǎokàn.

141 | 여기요(점원을 부름), 계산하겠습니다. 얼마입니까?

142 | 모두 450위안입니다.

143 | 중국어를 할 줄 압니까?

144 | 조금 할 줄 압니다.

145 | 그의 중국어 실력은 어떻습니까?

146 | 그는 중국어를 잘 합니다.

147 | 중국 음식을 만들 줄 아세요?

148 | 만들 줄 모릅니다. 만든 적이 없습니다.

149 | 내일 낮에 회의가 있는데, 참석할 수 있나요?

150 | 미안합니다. 일이 있어서 참석할 수가 없습니다.

151 | 학교 안에서 흡연이 가능한가요?

152 | 당연히 안 되지요.

153 | 이 근처에 병원이 있나요?

154 | 있습니다. 앞으로 가면 있습니다.

155 | 어디가 불편하신가요?

156 | 머리가 아프고, 열이 납니다.

157 | 무슨 색깔을 좋아하세요?

158 | 나는 파란색을 좋아해요.

159 | 이 옷은 어떻습니까?

160 | 괜찮습니다. 색깔이 예쁘네요.

🎧 S161-164

니³ 시³환⁰ 션²머⁰ 찌⁴지에²

161 你喜欢什么季节?

Nǐ xǐhuan shénme jìjié?

워³ 시³환⁰ 춘¹티엔¹, 인¹웨이⁴ 춘¹티엔¹ 헌² 누안³후어⁰

162 我喜欢春天，因为春天很暖和。

Wǒ xǐhuan chūntiān, yīnwèi chūntiān hěn nuǎnhuo.

니³ 웨이⁴션²머⁰ 시³환⁰ 똥¹티엔¹

163 你为什么喜欢冬天?

Nǐ wèishénme xǐhuan dōngtiān?

인¹웨이⁴ 똥¹티엔¹ 커³이³ 화²쉐³

164 因为冬天可以滑雪。

Yīnwèi dōngtiān kěyǐ huáxuě.

Expression 165-168

니³ 요우³ 콩⁴ 더⁰ 싀²호우⁰ 쭈어⁴ 션²머⁰

165 你有空的时候做什么?

Nǐ yǒu kòng de shíhou zuò shénme?

요우³싀²호우⁰ 꽝⁴지에¹,   요우³싀²호우⁰ 짜이⁴ 지아¹ 시우¹시⁰

166 有时候逛街, 有时候在家休息。

Yǒushíhou guàngjiē, yǒushíhou zài jiā xiūxi.

베이³징¹ 똥¹티엔¹ 더⁰ 티엔¹치⁴ 전³머⁰양⁴

167 北京冬天的天气怎么样?

Běijīng dōngtiān de tiānqì zěnmeyàng?

베이³징¹ 비³ 쇼우³얼³ 렁³

168 北京比首尔冷。

Běijīng bǐ Shǒu'ěr lěng.

Expression 169-172

🎧 S169-172

치¹쭝¹ 카오³스⁴ 카오³ 더⁰ 전³머⁰양⁴

169
期中考试考得怎么样?
Qīzhōng kǎoshì kǎo de zěnmeyàng?

마³마³ 후¹후¹

170
马马虎虎。
Mǎmǎhūhū.

니³ 쮀²더⁰ 쉬² 한⁴위³ 전³머⁰양⁴

171
你觉得学汉语怎么样?
Nǐ juéde xué Hànyǔ zěnmeyàng?

워³ 쮀²더⁰ 헌³ 난²

172
我觉得很难。
Wǒ juéde hěn nán.

Expression 173-176

워³먼⁰ 시우¹시⁰ 이²후얼⁴,　　하오³ 마⁰

173 我们休息一会儿，好吗?

Wǒmen xiūxi yíhuìr,　　hǎo ma?

하오³ 더⁰,　시우¹시⁰ 싀² 펀¹쭝¹

174 好的，休息十分钟。

Hǎo de,　　xiūxi shí fēnzhōng.

쩌⁴거⁰ 쭝¹구어² 찬¹팅¹ 전³머⁰양⁴

175 这个中国餐厅怎么样?

Zhège Zhōngguó cāntīng zěnmeyàng?

쩌⁴거⁰ 찬¹팅¹ 헌³ 하오³츨¹,　　예³ 헌³ 피엔²이⁰

176 这个餐厅很好吃，也很便宜。

Zhège cāntīng hěn hǎochī,　　yě hěn piányi.

Expression 177-180

칭³원⁴,　후어³처¹짠⁴ 전³머⁰ 조우³

177 请问，火车站怎么走？

Qǐngwèn,　huǒchēzhàn zěnme zǒu?

쭈어⁴ 추¹주¹처¹ 야오⁴ 싼¹ 싀² 펀¹쭝¹

178 坐出租车要三十分钟。

Zuò chūzūchē yào sānshí fēnzhōng.

총² 쩔⁴ 따오⁴ 쇼우³얼³ 야오⁴ 뚜어¹창² 싀²지엔¹

179 从这儿到首尔要多长时间？

Cóng zhèr dào Shǒu'ěr yào duōcháng shíjiān?

쭈어⁴ 띠⁴티에³ 야오⁴ 싼¹싀² 펀¹쭝¹

180 坐地铁要三十分钟。

Zuò dìtiě yào sānshí fēnzhōng.

161 │ 당신은 무슨 계절을 좋아하나요?

162 │ 나는 봄을 좋아해요. 봄이 따뜻하기 때문입니다.

163 │ 당신은 왜 겨울을 좋아하나요?

164 │ 겨울에는 스키를 탈 수 있기 때문입니다.

165 │ 당신은 시간이 있을 때 무엇을 하나요?

166 │ 때로는 쇼핑하고, 때로는 집에서 쉽니다.

167 │ 베이징의 겨울 날씨는 어떤가요?

168 │ 베이징이 서울보다 춥습니다.

169 │ 중간고사 어떻게 보셨나요?

170 │ 그저 그렇습니다.

171 │ 당신은 중국어 배우는 것이 어떻다고 생각합니까?

172 │ 저는 어렵다고 생각합니다.

173 │ 우리 잠시 쉴래요?

174 │ 좋아요. 10분간 쉽시다.

175 │ 이 중국 식당은 어떤가요?

176 │ 이 식당은 맛있고 가격도 쌉니다.

177 │ 말씀 좀 묻겠습니다. 기차역은 어떻게 갑니까?

178 │ 택시를 타고 30분 걸립니다.

179 │ 여기에서 서울까지 얼마나 걸립니까?

180 │ 지하철을 타고 30분 걸립니다.

🎧 S181-184

니³ 라이² 한²구어² 뚜어¹창² 싀²지엔¹ 러⁰

181 你来韩国多长时间了?

Nǐ lái Hánguó duōcháng shíjiān le?

워³ 라이² 한²구어² 이⁴ 니엔² 러⁰

182 我来韩国一年了。

Wǒ lái Hánguó yì nián le.

니³ 주어²티엔¹ 웨이⁴션²머⁰ 메이² 라이² 샹⁴커⁴

183 你昨天为什么没来上课?

Nǐ zuótiān wèishénme méi lái shàngkè?

워³ 주어²티엔¹ 취⁴ 이¹위엔⁴ 러⁰

184 我昨天去医院了。

Wǒ zuótiān qù yīyuàn le.

Expression 185-188

🎧 S185-188

185

뚜에이⁴부⁰치³,　　워³ 츠²따오⁴ 러⁰

对不起，我迟到了。

Duìbuqǐ,　　wǒ chídào le.

186

메이² 꽌¹시⁰,　　워³ 예³ 깡¹ 라이²

没关系，我也刚来。

Méi guānxi,　　wǒ yě gāng lái.

187

니³ 웨이⁴션²머⁰ 라이²완³ 러⁰

你为什么来晚了?

Nǐ wèishénme lái wǎn le?

188

인¹웨이⁴ 두³처¹,　　쑤어³이³ 라이²완³ 러⁰

因为堵车，所以来晚了。

Yīnwèi dǔchē,　　suǒyǐ lái wǎn le.

Expression 189-192

189

쩌⁴거⁰ 쪼우¹모⁴ 요우³ 쥐⁴후에이⁴, 니³ 넝² 취⁴ 마⁰

这个周末有聚会，你能去吗?

Zhège zhōumò yǒu jùhuì,　nǐ néng qù ma?

190

워³ 헌³ 씨앙³ 취⁴, 커³스⁴ 워³ 요³ 스⁴, 뿌⁴ 넝² 취⁴

我很想去，可是我有事，不能去。

Wǒ hěn xiǎng qù, kěshì wǒ yǒu shì, bù néng qù.

191

완³상⁰ 치¹ 디엔³ 요우³ 띠엔⁴잉³,

晚上七点有电影，

Wǎnshang qī diǎn yǒu diànyǐng,

씨엔⁴짜이⁴ 취⁴ 라이²더⁰지² 라이²뿌⁰지²

现在去来得及来不及?

xiànzài qù láidejí láibují?

192

라이²더⁰지²

来得及。

Láidejí.

Expression 193-196

🎧 S193-196

워³ 이³징¹ 따오⁴ 러⁰,　　니³ 짜이⁴ 날³

193 我已经到了，你在哪儿?

Wǒ yǐjīng dào le,　　nǐ zài nǎr?

워³ 짜이⁴ 투²슈¹관³ 리우⁴ 로우²

194 我在图书馆六楼。

Wǒ zài túshūguǎn liù lóu.

쩌⁴ 싀⁴ 셰이² 더⁰ 짜오⁴피엔⁴

195 这是谁的照片?

Zhè shì shéi de zhàopiàn?

쩌⁴ 싀⁴ 워³ 뉘³ 펑²요우⁰ 더⁰ 짜오⁴피엔⁴

196 这是我女朋友的照片。

Zhè shì wǒ nǚ péngyou de zhàopiàn.

🎧 S197-200

타¹ 더⁰ 씽⁴거² 전³머⁰양⁴

197 他的性格怎么样?

Tā de xìnggé zěnmeyàng?

타¹ 더⁰ 씽⁴거² 헌³ 하오³

198 他的性格很好。

Tā de xìnggé hěn hǎo.

니³ 더⁰ 뉘³ 펑²요우⁰ 장³ 더⁰ 전³머⁰양⁴

199 你的女朋友长得怎么样?

Nǐ de nǚpéngyou zhǎng de zěnmeyàng?

타¹ 장³ 더⁰ 헌³ 커³아이⁴

200 她长得很可爱。

Tā zhǎng de hěn kě'ài.

181 | 한국에 온 지 얼마나 되었습니까?

182 | 한국에 온 지 일 년째입니다.

183 | 당신은 어제 왜 수업에 오지 않았습니까?

184 | 어제 병원에 갔습니다.

185 | 미안합니다. 지각했습니다.

186 | 괜찮습니다. 나도 방금 왔습니다.

187 | 당신은 왜 늦게 왔나요?

188 | 차가 막혀서 늦었습니다.

189 | 이번 주말에 모임이 있는데 갈 수 있습니까?

190 | 아주 가고 싶지만, 일이 있어서 갈 수가 없습니다.

191 | 저녁 7시에 영화가 상영되는데, 지금 가면 시간 안에 갈 수 있나요?

192 | 시간 안에 갈 수 있습니다.

193 | 이미 도착했습니다. 어디에 있습니까?

194 | 나는 도서관 6층에 있어요.

195 | 이것은 누구의 사진입니까?

196 | 이것은 내 여자친구의 사진입니다.

197 | 그의 성격은 어떻습니까?

198 | 그의 성격은 아주 좋습니다.

199 | 당신의 여자친구는 어떻게 생겼나요?

200 | 그녀는 아주 귀엽게 생겼습니다.

PART 11

Expression 201-204

니³ 껀¹ 펑²요우⁰ 이⁴빤¹ 쭈어⁴ 션²머⁰

201

你跟朋友一般做什么?

Nǐ gēn péngyou yìbān zuò shénme?

요우³싀²호우⁰ 허¹ 카¹페이¹ 리아오²티얼¹, 요우³싀²호우⁰ 칸⁴ 띠엔⁴잉³

202

有时候喝咖啡聊天儿, 有时候看电影。

Yǒushíhou hē kāfēi liáotiānr, yǒushíhou kàn diànyǐng.

따⁴쉐² 삐⁴이에⁴ 이³호우⁴ 니³ 씨앙³ 쭈어⁴ 션²머⁰

203

大学毕业以后你想做什么?

Dàxué bìyè yǐhòu nǐ xiǎng zuò shénme?

워³ 씨앙³ 쭈어⁴ 꽁¹쓰¹ 즈²위엔²

204

我想做公司职员。

Wǒ xiǎng zuò gōngsī zhíyuán.

Expression 205-208

205

씨아⁴커⁴ 이³호우⁴, 니³ 쭈어⁴ 션²머⁰

下课以后，你做什么？

Xiàkè yǐhòu, nǐ zuò shénme?

206

씨아⁴커⁴ 이³호우⁴, 워³ 찌엔⁴ 펑²요우⁰

下课以后，我见朋友。

Xiàkè yǐhòu, wǒ jiàn péngyou.

207

삐⁴이에⁴ 이³호우⁴, 니³ 씨앙³ 쭈어⁴ 션²머⁰

毕业以后，你想做什么？

Bìyè yǐhòu, nǐ xiǎng zuò shénme?

208

워³ 씨앙³ 이⁴비엔¹ 쉐²시², 이⁴비엔¹ 꽁¹쭈어⁴

我想一边学习，一边工作。

Wǒ xiǎng yìbiān xuéxí, yìbiān gōngzuò.

Expression 209-212

🎧 S209-212

209

니³ 씨양³ 션²머⁰ 싀²호우⁰ 지에²훈¹

你想什么时候结婚?

Nǐ xiǎng shénme shíhou jiéhūn?

210

워³ 씨양³ 싼¹싀² 쑤에이⁴ 이³호우⁴ 지에²훈¹

我想三十岁以后结婚。

Wǒ xiǎng sānshí suì yǐhòu jiéhūn.

211

칭³ 니³ 쯔⁴워³ 찌에⁴샤오⁴

请你自我介绍。

Qǐng nǐ zìwǒ jièshào.

212

따⁴지아¹ 하오³, 워³ 싀⁴ 한²구어²런², 워³ 더⁰ 쭈안¹이에⁴ 싀⁴ 쭝¹원²

大家好，我是韩国人，我的专业是中文。

Dàjiā hǎo, wǒ shì Hánguórén, wǒ de zhuānyè shì Zhōngwén.

런⁴싀⁰ 니³먼⁰ 헌³ 까오¹씽⁴, 칭³ 뚜어¹뚜어¹ 즤³지아오⁴

认识你们很高兴，请多多指教。

Rènshi nǐmen hěn gāoxìng, qǐng duōduō zhǐjiào.

🎧S213-216

칭³ 니³ 빵¹ 워³ 짜오⁴씨앙⁴,　하오³ 마⁰

213 请你帮我照相，好吗?

Qǐng nǐ bāng wǒ zhàoxiàng, hǎo ma?

하오³더⁰,　니³ 씨앙³ 짜이⁴ 날³ 짜오⁴

214 好的，你想在哪儿照?

Hǎo de,　nǐ xiǎng zài nǎr zhào?

니³ 쇼우⁴ 러⁰

215 你瘦了!

Nǐ shòu le!

스⁴,　쭈에이⁴찐⁴ 쉐²시² 이야¹리⁴ 타이⁴ 따⁴

216 是，最近学习压力太大。

Shì,　zuìjìn xuéxí yālì tài dà.

Expression 217-220

니³ 짜이⁴ 한²구어² 더⁰ 성¹후어² 시²꽌⁴ 러⁰ 마⁰

217 你在韩国的生活习惯了吗?

Nǐ zài Hánguó de shēnghuó xíguàn le ma?

시²꽌⁴ 러⁰

218 习惯了。

Xíguàn le.

찐¹티엔¹ 워³ 칭³ 커⁴

219 今天我请客。

Jīntiān wǒ qǐngkè.

부² 용⁴ 러⁰, 니³ 타이⁴ 커⁴치⁰ 러⁰

220 不用了, 你太客气了。

Bú yòng le, nǐ tài kèqi le.

201 | 당신은 친구와 보통 무엇을 하나요?

202 | 커피를 마시면서 이야기할 때도 있고 영화 볼 때도 있어요.

203 | 대학을 졸업한 후에 무엇을 하고 싶습니까?

204 | 저는 회사원이 되고 싶습니다.

205 | 수업이 끝난 후에 당신은 무엇을 합니까?

206 | 수업이 끝난 후에 나는 친구를 만납니다

207 | 당신은 졸업한 후에 무엇을 하고 싶습니까?

208 | 저는 공부하면서 일하고 싶습니다.

209 | 당신은 언제 결혼하실 생각입니까?

210 | 저는 30살 이후에 결혼할 생각입니다.

211 | 본인 소개를 해주시길 바랍니다

212 | 여러분 안녕하세요. 저는 한국 사람이고 전공은 중국어입니다.
여러분을 알게 되어 매우 반갑습니다. 많이 가르쳐 주세요.

213 | 사진 좀 찍어 주시겠어요?

214 | 알겠습니다. 어디에서 찍고 싶으세요?

215 | 당신 살이 빠졌네요!

216 | 네, 요즘 공부 스트레스가 너무 많아서요.

217 | 한국 생활에 익숙해졌습니까?

218 | 익숙해졌습니다.

219 | 오늘은 제가 대접하겠습니다.

220 | 괜찮아요. 너무 예의를 차리시는군요.

🎧 S221-224

밍²티엔¹ 티엔¹치⁴ 전³머⁰양⁴?   워³ 야오⁴ 취⁴ 파² 샨¹

221
明天天气怎么样？ 我要去爬山。

Míngtiān tiānqì zěnmeyàng?   Wǒ yào qù páshān.

팅¹슈어¹ 밍²티엔¹ 후에이⁴ 씨아⁴ 위³

222
听说明天会下雨。

Tīngshuō míngtiān huì xià yǔ.

찐¹티엔¹ 쭈어⁴ 션²머⁰

223
今天做什么？

Jīntiān zuò shénme?

샹⁴우³ 취⁴ 쉐²씨아오⁴,   씨아⁴우³ 취⁴ 다³꽁¹

224
上午去学校，下午去打工。

Shàngwǔ qù xuéxiào,   xiàwǔ qù dǎgōng.

Expression 225-228

니³ 취⁴ 베이³징¹ 추¹차이¹ 마⁰

225 你去北京出差吗?

Nǐ qù Běijīng chūchāi ma?

부² 싀⁴,　워³ 취⁴ 샹⁴하이³ 추¹차이¹

226 不是，我去上海出差。

Bú shì,　wǒ qù Shànghǎi chūchāi.

니³ 쭈어⁴ 페이¹지¹ 취⁴ 샹⁴하이³ 마⁰

227 你坐飞机去上海吗?

Nǐ zuò fēijī qù Shànghǎi ma?

뿌⁴,　워³ 쭈어⁴ 까오¹티에³ 취⁴

228 不，我坐高铁去。

Bù,　wǒ zuò gāotiě qù.

Expression 229-232

워³ 야오⁴ 취⁴ 지¹창³,　　빵¹ 워³ 찌아오⁴ 추¹주¹처¹

229 我要去机场，帮我叫出租车。

Wǒ yào qù jīchǎng,　　bāng wǒ jiào chūzūchē.

하오³더⁰,　　지³ 디엔³ 추¹파¹

230 好的，几点出发?

Hǎo de,　　jǐ diǎn chūfā?

워³ 더⁰ 씽²리⁰ 짜이⁴ 날³

231 我的行李在哪儿?

Wǒ de xíngli zài nǎr?

짜이⁴ 로우²씨아⁴

232 在楼下。

Zài lóuxià.

🎧 S233-236

카오³싀⁴ 지³ 디엔³ 카이¹싀³

233 考试几点开始?

Kǎoshì jǐ diǎn kāishǐ?

씨아⁴우³ 량³ 디엔³ 빤⁴ 카이¹싀³

234 下午两点半开始。

Xiàwǔ liǎng diǎn bàn kāishǐ.

샹⁴ 거⁰ 씽¹치¹ 더⁰ 미엔⁴싀⁴ 전³머⁰양⁴

235 上个星期的面试怎么样?

Shàng ge xīngqī de miànshì zěnmeyàng?

통¹구어⁴ 러⁰

236 通过了。

Tōngguò le.

🎧 S237-240

환¹잉² 니³ 라이² 한²구어²

237 欢迎你来韩国。

Huānyíng nǐ lái Hánguó.

씨에⁴씨에⁰ 닌² 라이² 지에¹ 워³

238 谢谢您来接我。

Xièxie nín lái jiē wǒ.

니³ 션²머⁰ 싀²호우⁰ 후에이² 구어², 워³ 쏭⁴ 니³

239 你什么时候回国，我送你。

Nǐ shénme shíhou huí guó,　　wǒ sòng nǐ.

밍²티엔¹ 씨아⁴우³ 후에이² 구어², 씨에⁴씨에⁰

240 明天下午回国，谢谢。

Míngtiān xiàwǔ huí guó,　　xièxie.

221 | 내일 날씨가 어떤가요? 등산 가려고 하는데요

222 | 듣자하니 내일 비가 온대요.

223 | 오늘 무엇을 하나요?

224 | 오전에 학교에 가고 오후에는 아르바이트 갑니다.

225 | 베이징으로 출장을 갑니까?

226 | 아니요. 상하이로 출장을 갑니다.

227 | 비행기를 타고 상하이에 갑니까?

228 | 아닙니다. 고속철도를 타고 갑니다.

229 | 공항에 가려고 합니다. 택시를 불러 주세요.

230 | 알겠습니다. 몇 시에 출발하시나요?

231 | 내 짐은 어디에 있나요?

232 | 아래층에 있습니다.

233 | 시험은 몇 시에 시작합니까?

234 | 오후 두 시 반에 시작합니다.

235 | 지난주 면접 시험은 어땠습니까?

236 | 합격했습니다.

237 | 한국에 오신 것을 환영합니다.

238 | 마중 나와 주셔서 감사합니다.

239 | 언제 귀국하나요. 제가 배웅하겠습니다.

240 | 내일 오후 귀국합니다. 감사합니다.

🎧 S241-244

쩌⁴ 싀⁴ 션²머⁰

241 这是什么?

Zhè shì shénme?

쩌⁴ 싀⁴ 니³ 더⁰ 셩¹리⁴ 리³우⁴

242 这是你的生日礼物。

Zhè shì nǐ de shēngrì lǐwù.

찐¹티엔¹ 지³ 위에⁴ 지³ 하오⁴

243 今天几月几号?

Jīntiān jǐ yuè jǐ hào?

찐¹티엔¹ 싀² 위에⁴ 이¹ 하오⁴

244 今天十月一号。

Jīntiān shí yuè yī hào.

Expression 245-248

니³ 지³ 디엔³ 샹⁴커⁴

245 你几点上课?

Nǐ jǐ diǎn shàngkè?

샹⁴우³ 싀² 디엔³ 샹⁴커⁴

246 上午十点上课。

Shàngwǔ shí diǎn shàngkè.

얼⁴링²이¹지우³ 니엔² 이¹ 위에⁴ 이¹ 하오⁴ 씽¹치¹ 지³

247 二零一九年一月一号星期几?

Ér líng yī jiǔ nián yī yuè yī hào xīngqī jǐ?

얼⁴링²이¹지우³ 니엔² 이¹ 위에⁴ 이¹ 하오⁴ 씽¹치¹얼²

248 二零一九年一月一号星期二。

Ér líng yī jiǔ nián yī yuè yī hào xīngqī'èr.

🎧 S249-252

밍²티엔¹ 워³ 게이³ 니³ 다³ 띠엔⁴화⁴

249 明天我给你打电话。

Míngtiān wǒ gěi nǐ dǎ diànhuà.

하오³, 워³ 덩³ 니³ 띠엔⁴화⁴

250 好，我等你电话。

Hǎo, wǒ děng nǐ diànhuà.

니³ 씨앙³ 허¹ 션²머⁰

251 你想喝什么?

Nǐ xiǎng hē shénme?

워³ 씨앙³ 허¹ 르어⁴슈에이³

252 我想喝热水。

Wǒ xiǎng hē rèshuǐ.

🎧 S253-256

니³ 쭈에이⁴찐⁴ 쭈어⁴ 션²머⁰

253 你最近做什么?

Nǐ zuìjìn zuò shénme?

쭈에이⁴찐⁴ 준³뻬이⁴ 카오³싀⁴

254 最近准备考试。

Zuìjìn zhǔnbèi kǎoshì.

니³ 야오⁴ 마이³ 션²머⁰

255 你要买什么?

Nǐ yào mǎi shénme?

워³ 야오⁴ 마이³ 이¹푸⁰

256 我要买衣服。

Wǒ yào mǎi yīfu.

Expression 257-260

니³ 야오⁴ 취⁴ 날³

257 你要去哪儿?

Nǐ yào qù nǎr?

워³ 야오⁴ 취⁴ 바이³후어⁴ 샹¹창³

258 我要去百货商场。

Wǒ yào qù bǎihuò shāngchǎng.

니³ 요우³ 쭝¹구어² 펑²요우⁰ 마⁰

259 你有中国朋友吗?

Nǐ yǒu Zhōngguó péngyou ma?

요우³, 타¹ 싀⁴ 워³먼⁰ 쉐²씨아오⁴ 더⁰ 리우²쉐²셩¹

260 有，他是我们学校的留学生。

Yǒu, tā shì wǒmen xuéxiào de liúxuéshēng.

241 │ 이것은 무엇입니까?

242 │ 이것은 당신의 생일 선물입니다

243 │ 오늘은 몇 월 며칠입니까?

244 │ 오늘은 10월 1일입니다.

245 │ 당신은 몇 시에 수업을 합니까?

246 │ 오전 10시에 수업을 합니다.

247 │ 2019년 1월 1일은 무슨 요일입니까?

248 │ 2019년 1월 1일은 화요일입니다.

249 │ 내일 내가 당신에게 전화할게요.

250 │ 네, 전화 기다리겠습니다.

251 │ 당신은 무엇을 마시고 싶습니까?

252 │ 나는 뜨거운 물을 마시고 싶습니다.

253 │ 당신은 요즘 무엇을 합니까?

254 │ 나는 요즘 시험 준비를 합니다.

255 │ 당신은 무엇을 사려고 합니까?

256 │ 나는 옷을 사려고 합니다.

257 │ 당신은 어디에 가려고 합니까?

258 │ 나는 백화점에 가려고 합니다.

259 │ 당신은 중국 친구가 있습니까?

260 │ 있습니다. 그는 우리 학교 유학생입니다.

🎧 S261-264

니³ 시³환⁰ 나³거⁰ 밍²씽¹

261 你喜欢哪个明星?

Nǐ xǐhuan nǎge míngxīng?

워³ 시³환⁰ 장¹ 쯔³이²

262 我喜欢章子怡。

Wǒ xǐhuan Zhāng Zǐyí.

니³ 시³환⁰ 칸⁴ 띠엔⁴싀⁴쥐⁴ 마⁰

263 你喜欢看电视剧吗?

Nǐ xǐhuan kàn diànshìjù ma?

워³ 헌³ 시³환⁰ 칸⁴ 띠엔⁴싀⁴쥐⁴

264 我很喜欢看电视剧。

Wǒ hěn xǐhuan kàn diànshìjù.

🎧 S265-268

씨엔⁴짜이⁴ 니³ 쭈어⁴ 션²머⁰

265 现在你做什么？

Xiànzài nǐ zuò shénme?

씨엔⁴짜이⁴ 워³ 씨에³ 쭈어⁴이에⁴

266 现在我写作业。

Xiànzài wǒ xiě zuòyè.

니³ 더⁰ 라오³지아¹ 짜이⁴ 날³

267 你的老家在哪儿？

Nǐ de lǎojiā zài nǎr?

워³ 더⁰ 라오³지아¹ 짜이⁴ 푸³샨¹

268 我的老家在釜山。

Wǒ de lǎojiā zài Fǔshān.

Expression 269-272

니³ 야오⁴ 디엔³ 션²머⁰ 차이⁴

269 你要点什么菜?

Nǐ yào diǎn shénme cài?

워³ 야오⁴ 디엔³ 이² 거⁰ 파오⁴차이⁴탕¹

270 我要点一个泡菜汤。

Wǒ yào diǎn yí ge pàocài tāng.

니³ 전³머⁰ 러⁰

271 你怎么了?

Nǐ zěnme le?

워³ 간³마오⁴ 러⁰

272 我感冒了。

Wǒ gǎnmào le.

🎧 S273-276

니³ 츨¹ 야오⁴ 러⁰ 마⁰

273 你吃药了吗?

Nǐ chī yào le ma?

하이² 메이², 씨아⁴우³ 취⁴ 이¹위엔⁴

274 还没, 下午去医院。

Hái méi, xiàwǔ qù yīyuàn.

니³ 짜이⁴ 날³ 꽁¹쭈어⁴

275 你在哪儿工作?

Nǐ zài nǎr gōngzuò?

워³ 짜이⁴ 마오⁴이⁴ 꽁¹쓰¹ 꽁¹쭈어⁴

276 我在贸易公司工作。

Wǒ zài màoyì gōngsī gōngzuò.

🎧 S277-280

취⁴ 베이³징¹ 더⁰ 후어³처¹피아오⁴ 뚜어¹샤오⁰ 치엔²

277 去北京的火车票多少钱?

Qù Běijīng de huǒchēpiào duōshao qián?

이⁴ 장¹ 싼¹바이³ 우³싀² 콰이⁴

278 一张三百五十块。

Yì zhāng sānbǎi wǔshí kuài.

팅¹슈어¹ 니³ 야오⁴ 취⁴ 쫑¹구어² 리우²쉐², 싀⁴ 마⁰

279 听说你要去中国留学,是吗?

Tīngshuō nǐ yào qù Zhōngguó liúxué, shì ma?

싀⁴, 씨아⁴ 거⁰ 쉐²치¹ 취⁴ 샨¹똥¹

280 是,下个学期去山东。

Shì, xià ge xuéqī qù Shāndōng.

261 | 당신은 어느 배우를 좋아합니까?

262 | 나는 장쯔이를 좋아합니다.

263 | 당신은 드라마 보는 것을 좋아합니까?

264 | 나는 드라마 보는 것을 좋아합니다.

265 | 지금 당신은 무엇을 합니까?

266 | 지금 나는 숙제를 합니다.

267 | 당신의 고향은 어디입니까?

268 | 내 고향 집은 부산에 있습니다.

269 | 어떤 요리를 주문하시겠습니까?

270 | 김치찌개 하나를 주문하겠습니다.

271 | 왜 그러세요(어디가 아프신가요)?

272 | 감기 걸렸어요.

273 | 약은 먹었나요?

274 | 아직 안 먹었어요. 오후에 병원에 가려고 해요.

275 | 당신은 어디에서 일하십니까?

276 | 저는 무역 회사에서 일합니다.

277 | 베이징에 가는 기차표가 얼마입니까?

278 | 표 한 장에 350위안입니다.

279 | 듣자하니, 중국으로 유학 간다고 하던데, 맞나요?

280 | 그렇습니다. 다음 학기에 산동으로 갑니다.

🎧 S281-284

281

씨아⁴티엔¹ 니³먼⁰ 취⁴ 날³ 뤼³씽²

夏天你们去哪儿旅行?

Xiàtiān nǐmen qù nǎr lǚxíng?

282

씨아⁴티엔¹ 워³먼⁰ 취⁴ 씨앙¹강³ 뤼³씽²

夏天我们去香港旅行。

Xiàtiān wǒmen qù Xiānggǎng lǚxíng.

283

니³ 쉐² 한⁴위³ 뚜어¹창² 싀²지엔¹ 러⁰

你学汉语多长时间了?

Nǐ xué Hànyǔ duōcháng shíjiān le?

284

워³ 쉐² 한⁴위³ 이⁴ 니엔² 러⁰

我学汉语一年了。

Wǒ xué Hànyǔ yì nián le.

Expression 285-288

후에이² 지아¹ 이³호우⁴, 니³ 야오⁴ 쭈어⁴ 션³머⁰

285 回家以后，你要做什么？

Huí jiā yǐhòu,　　 nǐ yào zuò shénme?

후에이²지아¹ 이³호우⁴, 워³ 씨앙³ 시우¹시⁰ 시우¹시⁰

286 回家以后，我想休息休息。

Huí jiā yǐhòu,　　wǒ xiǎng xiūxi xiūxi.

춘¹지에² 니³먼⁰ 쭈어⁴ 션²머⁰

287 春节你们做什么？

Chūnjié nǐmen zuò shénme?

춘¹지에² 워³먼⁰ 취⁴ 칸⁴ 지아¹런²

288 春节我们去看家人。

Chūnjié wǒmen qù kàn jiārén.

Expression 289-292

팅¹슈어¹ 니³ 자오³따오⁴ 꽁¹쭈어⁴ 러⁰,　꽁¹시³ 꽁¹시³

289 听说你找到工作了，恭喜恭喜。

Tīngshuō nǐ zhǎodào gōngzuò le,　gōngxǐ gōngxǐ.

씨에⁴씨에⁰,　윈⁴치⁰ 하오³

290 谢谢，运气好。

Xièxie,　yùnqi hǎo.

니³ 더⁰ 한⁴위³ 페이¹창² 하오³

291 你的汉语非常好。

Nǐ de Hànyǔ fēicháng hǎo.

나³리⁰ 나³리⁰

292 哪里哪里。

Nǎli nǎli.

🎧 S293-296

니³ 메이³티엔¹ 전³머⁰ 샹⁴쉐²

293 你每天怎么上学?

Nǐ měitiān zěnme shàngxué?

워³ 메이³티엔¹ 쭈어⁴ 띠⁴티에³ 샹⁴쉐²

294 我每天坐地铁上学。

Wǒ měitiān zuò dìtiě shàngxué.

씬¹니엔² 콰이⁴러⁴

295 新年快乐!

Xīnnián kuàilè!

씨에⁴씨에⁰, 예³ 쭈⁴ 니³ 씬¹니엔² 콰이⁴러⁴

296 谢谢, 也祝你新年快乐!

Xièxie, yě zhù nǐ xīnnián kuàilè!

Expression 297-300

쉐² 한⁴위³ 요우³ 이⁴쓰⁰ 마⁰

297 学汉语有意思吗?

Xué Hànyǔ yǒu yìsi ma?

쓰⁴,　워³ 줴²더⁰ 쉐² 한⁴위³ 페이¹창² 요우³ 이⁴쓰⁰

298 是，我觉得学汉语非常有意思。

Shì,　wǒ juéde xué Hànyǔ fēicháng yǒu yìsi.

라오³쓰¹,　씬¹쿠³ 러⁰

299 老师，辛苦了!

Lǎoshī,　xīnkǔ le!

씨에⁴씨에⁰,　니³먼⁰ 예³ 씬¹쿠³ 러⁰

300 谢谢，你们也辛苦了。

Xièxie,　nǐmen yě xīnkǔ le.

281 | 여름에 당신들은 어디로 여행을 갑니까?

282 | 여름에 우리는 홍콩으로 여행을 갑니다.

283 | 당신은 중국어를 배운 지 얼마나 되었나요?

284 | 중국어를 배운 지 1년이 되었습니다.

285 | 집으로 돌아간 후 당신은 무엇을 할 것입니까?

286 | 집으로 돌아온 후에 나는 좀 쉬고 싶습니다.

287 | 여러분은 설에 무엇을 합니까?

288 | 우리는 설에 가족들을 보러 갑니다.

289 | 취직했다고 들었습니다. 축하합니다.

290 | 감사합니다. 운이 좋았습니다.

291 | 당신은 중국어를 참 잘하는군요.

292 | 천만에요.

293 | 당신은 매일 어떻게 학교에 갑니까?

294 | 나는 매일 지하철을 타고 학교에 갑니다.

295 | 새해 복 많이 받으세요!

296 | 감사합니다. 당신도 새해 복 많이 받으세요!

297 | 중국어를 배우는 것은 재미있나요?

298 | 네. 나는 중국어를 배우는 것이 아주 재미있다고 생각합니다.

299 | 선생님, 수고 많으셨어요!

300 | 고마워요. 여러분도 고생 많았어요.

• MEMO •

• MEMO •

첫걸음 베스트 1위!

가장 쉬운 러시아어
첫걸음의 모든 것
16,000원

가장 쉬운 이탈리아어
첫걸음의 모든 것
17,500원

가장 쉬운 포르투갈어
첫걸음의 모든 것
18,000원

버전업! 가장 쉬운
베트남어 첫걸음
16,000원

가장 쉬운 터키어
첫걸음의 모든 것
16,500원

버전업! 가장 쉬운
아랍어 첫걸음
18,500원

가장 쉬운 인도네시아어
첫걸음의 모든 것
18,500원

버전업! 가장 쉬운
태국어 첫걸음
16,800원

가장 쉬운 영어
첫걸음의 모든 것
16,500원

버전업! 굿모닝
독학 일본어 첫걸음
14,500원

가장 쉬운 중국어
첫걸음의 모든 것
14,500원

오늘부터는 **팟캐스트**로 공부하자!

팟캐스트 무료 음성 강의

▶ 1
iOS 사용자

Podcast 앱에서
'동양북스' 검색

▶ 2
안드로이드 사용자

플레이스토어에서 '팟빵' 등
팟캐스트 앱 다운로드,
다운받은 앱에서
'동양북스' 검색

▶ 3
PC에서

팟빵(www.podbbang.com)에서
'동양북스' 검색
애플 iTunes 프로그램에서
'동양북스' 검색

◎ **현재 서비스 중인 강의 목록** (팟캐스트 강의는 수시로 업데이트 됩니다.)

- 가장 쉬운 독학 일본어 첫걸음
- 페이의 적재적소 중국어
- 가장 쉬운 독학 중국어 첫걸음
- 중국어 한글로 시작해
- 가장 쉬운 독학 베트남어 첫걸음

매일 매일 업데이트 되는 동양북스 SNS! 동양북스의 새로운 소식과 다양한 정보를 만나보세요.

blog.naver.com/dymg98   instagram.com/dybooks   facebook.com/dybooks   twitter.com/dy_books

중국어뱅크

이지 차이니즈 300

왕초보도
쉽게 배우는
중국어

유진희·진환상 지음

동양북스

중국어뱅크

이지
차이니즈
300

왕초보도
쉽게 배우는
중국어

초판 인쇄 | 2019년 2월 5일
초판 발행 | 2019년 2월 10일

지 은 이 | 유진희, 진환상
발 행 인 | 김태웅
편 집 장 | 강석기
마 케 팅 | 나재승
제　　작 | 현대순
기획 편집 | 정지선
디 자 인 | 서진희, 손미나

발 행 처 | (주)동양북스
등　　록 | 제 2014-000055호
주　　소 | 서울시 마포구 동교로22길 12 (04030)
구입문의 | 전화 (02)337-1737　팩스 (02)334-6624
내용문의 | 전화 (02)337-1762　dybooks2@gmail.com

ISBN 979-11-5768-473-1 13720

이 도서의 국립중앙도서관 출판예정도서목록(CIP)은 서지정보유통지원시스템 홈페이지(http://seoji.nl.go.kr)와
국가자료공동목록시스템(http://www.nl.go.kr/ kolisnet)에서 이용하실 수 있습니다.
(CIP제어번호:CIP2019000303)

머리말

　　본 교재는 중국어를 처음 접하는 왕초보자들도 단시간 안에 중국어 회화를 가능하게 하기 위한 고민 끝에 만들어진 책입니다. 필자도 중국어를 전공하고 오랫동안 중국어를 사용해왔지만 중국어는 글자마다 고유의 발음과 성조를 가지고 있기 때문에 글자를 읽지 못할 때가 있습니다. 그만큼 중국어는 읽기도 어렵고 쓰기도 어려운 언어인 것은 사실입니다. 하지만 중국어는 한국어나 영어처럼 시제 변화, 어미 굴절 등이 일어나지 않는 언어입니다. 처음 배울 때 정확히 발음을 암기해 둔다면 과거, 현재, 미래형을 생각하면서 발음할 필요가 없이 끝까지 한 발음으로 말하면 됩니다. 많은 사람들이 외국어를 잘하는 방법 중에 하나로 문장을 통째로 암기하는 법을 꼽습니다. 그런 의미에서 중국어는 시제 변화, 어미 굴절 등이 일어나지 않고 철저한 어순 중심의 언어이기 때문에 문장을 통째로 외운다면 한국어나 영어보다 훨씬 빠르게 회화능력이 쑥쑥 느는 것을 경험할 수 있을 겁니다. 이러한 점을 바탕으로 〈이지 차이니즈 300〉은 중국어 왕초보자들이 생활 실전에서 자주 사용할 수 있는 300 구문을 선별한 후 가장 쉬운 패턴의 문답형으로 구성한 교재입니다. 또한 한어병음을 한국어로 표기해 놓아 학습자가 의지만 있다면 혼자서도 읽고 공부할 수 있도록 하였고, 뒷부분에 다시 앞에서 익힌 기본 문형을 발전시킨 문장을 배치하여 배운 내용을 복습하는 느낌이 들도록 하였습니다. 아무쪼록 본 교재가 중국어를 처음 접하는 학습자가 어렵지 않게 중국어를 읽고 말하는 데 조금이나마 도움이 되었으면 하는 바람입니다. 마지막으로 이 책을 출판할 수 있도록 기회를 주신 동양북스 김태웅 사장님께 감사드리며, 책이 잘 나올 수 있도록 많은 도움을 주신 채택영업팀, 중국어기획팀에게도 감사드립니다.

저자 유진희, 진환상

차례

머리말 · 3 │ 차례 · 4 │ 이 책의 구성 · 6

CHINESE INTRO
기본 상식 · 10
발음 · 11
기초 중국어 · 16

PART 01
Expression 001-020 · 20
Review · 30
Plus Plus 문화 1 - 중국 지도 · 32

PART 02
Expression 021-040 · 34
Review · 44
Plus Plus 문화 2 - 배달의 민족 · 46

PART 03
Expression 041-060 · 48
Review · 58
Plus Plus 문화 3 - 손안에 든 결제 시스템 · 60

PART 04
Expression 061-080 · 62
Review · 72
Plus Plus 문화 4 - 중국 젊은이들이 즐겨 쓰는 유행어 1 · 74

PART 05
Expression 081-100 · 76
Review · 86
Plus Plus 자기소개 패턴 I · 88

PART 06
Expression 101-120 · 90
Review · 100
Plus Plus 문화 5 - 중국 젊은이들이 즐겨 쓰는 유행어 2 · 102

PART 07
Expression 121-140 · 104
Review · 114
Plus Plus 문화 6 - 인터넷 세계의 왕 - '网红(왕홍)' · 116

PART 08
Expression 141-160 · 118
Review · 128
Plus Plus 문화 7 – 중국의 출산율 끌어올리기 · 130

PART 09
Expression 161-180 · 132
Review · 142
Plus Plus 문화 8 – 나만의 낭독실, 노래방 · 144

PART 10
Expression 181-200 · 146
Review · 156
Plus Plus 자기소개 패턴 II · 158

PART 11
Expression 201-220 · 160
Review · 170
Plus Plus 문화 9 – 재미있는 중국 음식 이야기 · 172

PART 12
Expression 221-240 · 174
Review · 184
Plus Plus 문화 10 – 까오카오(高考: 한국의 수능) 문화 · 186

PART 13
Expression 241-260 · 188
Review · 198
Plus Plus 문화 11 - 중국의 애완동물 사랑 · 200

PART 14
Expression 261-280 · 202
Review · 212
Plus Plus 문화 12 - 알고 보면 재미있는 중국어 유래 1 · 214

PART 15
Expression 281-300 · 216
Review · 226
Plus Plus 문화 13 - 알고 보면 재미있는 중국어 유래 2 · 228

정답 · 229

이 책의 구성

INTRO

상황별 표현 학습에 들어가기 앞서 중국어의 기본 상식, 발음, 숫자·인칭대사·가족관계 등의 기초 중국어를 미리 제시하여 중국어의 기초를 다질 수 있는 코너입니다.

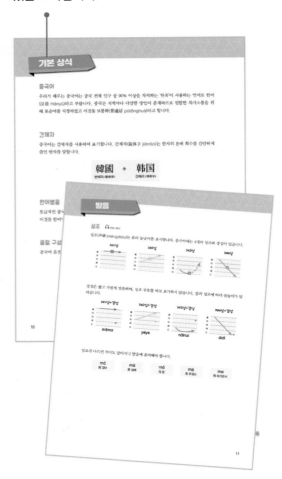

EXPRESSION

한 개의 파트에는 20개의 표현이 있으며, 각 표현은 두 사람의 질문과 대답으로 이루어져 더욱 재미있고 쉽게 표현을 학습할 수 있도록 하였습니다.

* 학습 편의를 위해 한어병음을 한국어로 표기했습니다. 실제 발음과는 차이가 있을 수 있으니 MP3 파일과 같이 학습하세요.

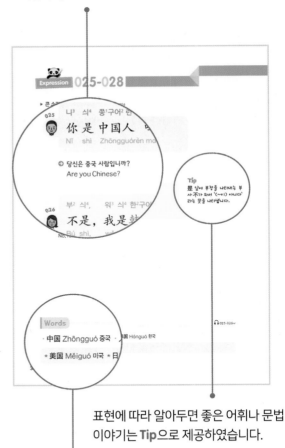

표현에 따라 알아두면 좋은 어휘나 문법 이야기는 **Tip**으로 제공하였습니다.

각 페이지의 하단에는 단어의 의미가 제시되어 있으며 본문 표현에서 교체 연습할 수 있는 단어는 ★표시를 하여 표현을 확장하여 학습할 수 있습니다.

Review

파트별 표현 학습 뒤에는 Review 코너를 두어 배운 단어 및 표현 빈칸 채우기, 문장 쓰기 등의 문제를 통해 배웠던 표현을 복습할 수 있도록 하였습니다.

Plus Plus

각 파트의 맨 뒤에는 중국의 문화, 언어, 지리, 음식 등 다양한 주제의 이야기를 사진 자료와 함께 제공해 흥미를 더했습니다.

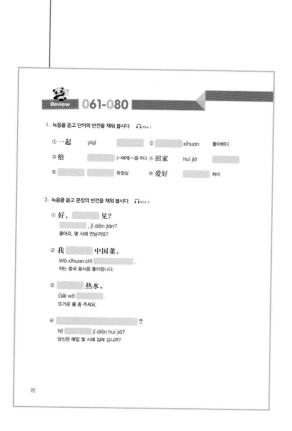

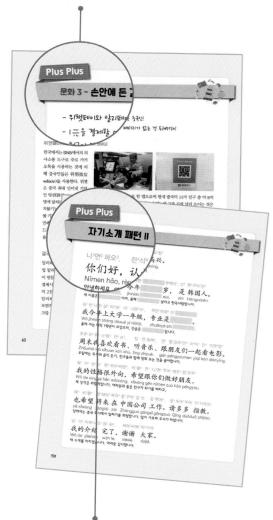

자기소개 표현을 제시해 중국어로 말할 수 있도록 하였습니다.

Work Book

별책으로 제공되는 워크북으로 단어 학습과 본문에서 배운 표현에 대한 복습을 할 수 있도록 하였습니다.

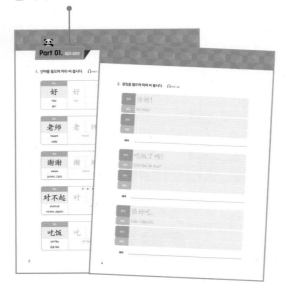

Mini Book

본문 표현 300 구문을 담은 휴대용 미니북입니다. 파트별로 MP3 파일을 듣고 따라 읽어 본 후, 마지막 한국어 해석을 참고하여 말해 보세요.

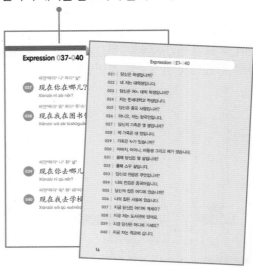

워크북 63p부터 제공되는 시험지는 학습자의 복습 및 평가 수단으로 사용할 수 있습니다.

🎧 는 본문, 워크북, 미니북에 제공되는 mp3 파일의 트랙 번호입니다.

CHINESE
INTRO

🔍 목차

기본 상식
- 중국어
- 간체자
- 한어병음
- 음절 구성

발음
- 성조
- 성모
- 운모
- 성조 변화
- 한어병음 자모표

기초 중국어
- 숫자
- 인칭대사
- 가족 관계
- 전공

중국어

우리가 배우는 중국어는 중국 전체 인구 중 90% 이상을 차지하는 '한족'이 사용하는 언어로 한어(汉语 Hànyǔ)라고 부릅니다. 중국은 지역마다 다양한 방언이 존재하므로 원활한 의사소통을 위해 표준어를 지정하였고 이것을 보통화(普通话 pǔtōnghuà)라고 합니다.

간체자

중국어는 간체자를 사용하여 표기합니다. 간체자(简体字 jiǎntǐzi)는 한자의 본래 획수를 간단하게 줄인 한자를 말합니다.

韓國 ➜ 韩国
번체자 (繁体字)　　　간체자 (简体字)

한어병음

뜻글자인 중국어는 소리를 표기할 수 없어 로마자에 성조 부호를 더해 한자의 발음을 표기합니다. 이것을 한어병음(汉语拼音, Hànyǔ Pīnyīn)이라고 합니다.

음절 구성

중국어 음절은 성모, 운모, 성조로 이루어져 있습니다.

hǎo
① 성모　② 운모　③ 성조

발음

성조 🎧 000-001

성조(声调 shēngdiào)는 음의 높낮이를 표시합니다. 중국어에는 4개의 성조와 경성이 있습니다.

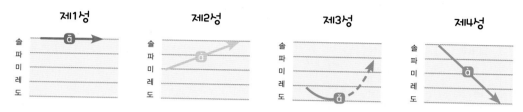

경성은 짧고 가볍게 발음하며, 성조 부호를 따로 표기하지 않습니다. 앞의 성조에 따라 음높이가 달라집니다.

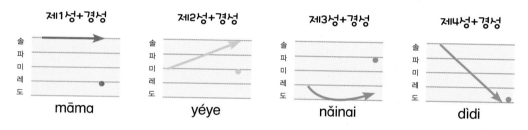

성조가 다르면 의미도 달라지니 발음에 유의해야 합니다.

mā	má	mǎ	mà	ma
妈 엄마	麻 삼베	马 말	骂 꾸짖다	吗 어기조사

성모 🎧 000-002

성모(声母, shēngmǔ)는 음절의 첫머리에 오는 자음을 말합니다.

쌍순음과 순치음	b	p	m	f
설첨음	d	t	n	l
설근음	g	k	h	
설면음	j	q	x	
설치음	z	c	s	
권설음	zh	ch	sh	r

* 운모 o, e, i, -i를 붙여서 연습해 봅시다.

운모 🎧 000-003

운모(韵母, yùnmǔ)는 중국어의 음절에서 성모를 제외한 나머지 부분을 말합니다.

단운모	복운모				비운모				
a	ai	ao			an	ang			
o	ou				ong				
e	ei				en	eng			
i	ia (ya)	ie (ye)	iao (yao)	iou (you)	ian (yan)	in (yin)	ing (ying)	iang (yang)	iong (yong)
u	ua (wa)	uo (wo)	uai (wai)	uei (wei)	uan (wan)	uen (wen)	uang (wang)	ueng (weng)	
ü	üe (yue)				üan (yuan)	ün (yun)			
er									

* i, u, ü 결합운모 앞에 성모가 오지 않으면 괄호처럼 표기합니다.
* 성조 부호는 단운모 위에 a>o, e>i, u>ü 순서로 표기합니다.

성조 변화 🎧 000-004

(1) 不 bù의 성조 변화

不 bù는 원래 제4성이지만, 뒤에 제4성이 오면 제2성으로 발음하고 성조 표기도 제2성으로 합니다.

① 不의 성조가 원래대로 쓰일 때

不忙
bù máng

不好
bù hǎo

② 不의 성조가 변할 때

不是
bù shì ➡ bú shì

不去
bù qù ➡ bú qù

(2) 一 yī 의 성조 변화

一 yī는 원래 제1성이지만, 뒤에 제1·2·3성이 오면 제4성으로 발음하고, 제4성이 오면 제2성으로 바꿔 발음하고, 성조 표기도 제2성으로 합니다.

一天
yī tiān ➡ yì tiān

一年
yī nián ➡ yì nián

一百
yī bǎi ➡ yì bǎi

一块
yī kuài ➡ yí kuài

(3) 제3성의 성조 변화

제3성이 연달아 오면 앞의 제3성은 제2성으로 발음하며, 성조 표기는 제3성 그대로 표기합니다.

你好
nǐ hǎo ➡ ní hǎo

水果
shuǐguǒ ➡ shuíguǒ

반3성

솔
파
미
레
도

제3성 뒤에 제1·2·4성과 경성이 오면 반3성으로 바꿔 발음합니다.

北京
Běijīng

美国
Měiguó

考试
kǎoshì

你们
nǐmen

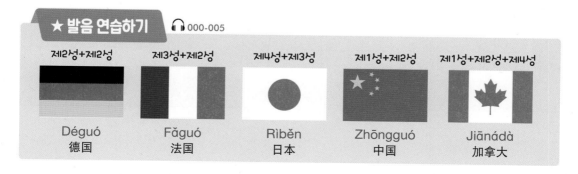

★ 발음 연습하기 🎧 000-005

제2성+제2성	제3성+제2성	제4성+제3성	제1성+제2성	제1성+제2성+제4성
Déguó 德国	Fǎguó 法国	Rìběn 日本	Zhōngguó 中国	Jiānádà 加拿大

한어병음 자모표

	a	o	e	-i	i	u	ü	er	ai	ei	ao	ou	ia	ie	iao	iou (iu)	ua	uo	uai	uei (ui)
b	ba	bo			bi	bu			bai	bei	bao			bie	biao					
p	pa	po			pi	pu			pai	pei	pao	pou		pie	piao					
m	ma	mo	me		mi	mu			mai	mei	mao	mou		mie	miao	miu				
f	fa	fo				fu				fei		fou								
d	da		de		di	du			dai	dei	dao	dou		die	diao	diu		duo		dui
t	ta		te		ti	tu			tai		tao	tou		tie	tiao			tuo		tui
n	na		ne		ni	nu	nü		nai	nei	nao	nou		nie	niao	niu		nuo		
l	la		le		li	lu	lü		lai	lei	lao	lou	lia	lie	liao	liu		luo		
g	ga		ge			gu			gai	gei	gao	gou					gua	guo	guai	gui
k	ka		ke			ku			kai	kei	kao	kou					kua	kuo	kuai	kui
h	ha		he			hu			hai	hei	hao	hou					hua	huo	huai	hui
j					ji		ju						jia	jie	jiao	jiu				
q					qi		qu						qia	qie	qiao	qiu				
x					xi		xu						xia	xie	xiao	xiu				
zh	zha		zhe	zhi		zhu			zhai	zhei	zhao	zhou					zhua	zhuo	zhuai	zhui
ch	cha		che	chi		chu			chai		chao	chou					chua	chuo	chuai	chui
sh	sha		she	shi		shu			shai	shei	shao	shou					shua	shuo	shuai	shui
r			re	ri		ru					rao	rou					rua	ruo		rui
z	za		ze	zi		zu			zai	zei	zao	zou						zuo		zui
c	ca		ce	ci		cu			cai		cao	cou						cuo		cui
s	sa		se	si		su			sai		sao	sou						suo		sui
	a	o	e		yi	wu	yu	er	ai	ei	ao	ou	ya	ye	yao	you	wa	wo	wai	wei

14

	an	en	ang	eng	ong	ian	in	iang	ing	iong	uan	uen (un)	uang	ueng	üe	üan	ün
b	ban	ben	bang	beng		bian	bin		bing								
p	pan	pen	pang	peng		pian	pin		ping								
m	man	men	mang	meng		mian	min		ming								
f	fan	fen	fang	feng													
d	dan	den	dang	deng	dong	dian			ding		duan	dun					
t	tan		tang	teng	tong	tian			ting		tuan	tun					
n	nan	nen	nang	neng	nong	nian	nin	niang	ning		nuan				nüe		
l	lan		lang	leng	long	lian	lin	liang	ling		luan	lun			lüe		
g	gan	gen	gang	geng	gong						guan	gun	guang				
k	kan	ken	kang	keng	kong						kuan	kun	kuang				
h	han	hen	hang	heng	hong						huan	hun	huang				
j						jian	jin	jiang	jing	jiong					jue	juan	jun
q						qian	qin	qiang	qing	qiong					que	quan	qun
x						xian	xin	xiang	xing	xiong					xue	xuan	xun
zh	zhan	zhen	zhang	zheng	zhong						zhuan	zhun	zhuang				
ch	chan	chen	chang	cheng	chong						chuan	chun	chuang				
sh	shan	shen	shang	sheng							shuan	shun	shuang				
r	ran	ren	rang	reng	rong						ruan	run					
z	zan	zen	zang	zeng	zong						zuan	zun					
c	can	cen	cang	ceng	cong						cuan	cun					
s	san	sen	sang	seng	song						suan	sun					
	an	en	ang	eng		yan	yin	yang	ying	yong	wan	wen	wang	weng	yue	yuan	yun

숫자 🎧 000-006

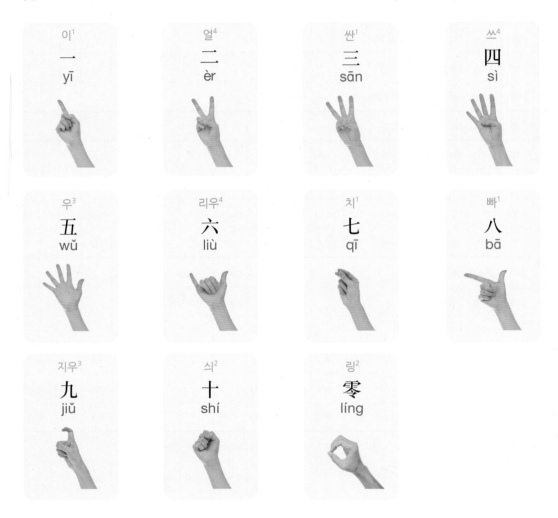

이[1] 一 yī	얼[4] 二 èr	싼[1] 三 sān	쓰[4] 四 sì
우[3] 五 wǔ	리우[4] 六 liù	치[1] 七 qī	빠[1] 八 bā
지우[3] 九 jiǔ	싀[2] 十 shí	링[2] 零 líng	

★ 숫자 연습하기

요일	날짜(월, 일)	시간(시, 분)	나이
씽[1]치[1]	위에[4] 하오[4]	디엔[3] 펀[1]	쑤에이[4]
星期 ▢	▢月 ▢号	▢点 ▢分	▢岁
xīngqī	yuè hào	diǎn fēn	suì

인칭대사 🎧 000-007

	단수		복수	
1인칭	워³ **我** wǒ	나	워³먼⁰ **我们** wǒmen	우리
2인칭	니³ **你** nǐ	당신	니³먼⁰ **你们** nǐmen	당신들
	닌² **您** nín	당신[존칭]	닌²먼⁰ **您们** nínmen	당신들[존칭]
3인칭	타¹ **他** tā	그	타¹먼⁰ **他们** tāmen	그들
	타¹ **她** tā	그녀	타¹먼⁰ **她们** tāmen	그녀들
	타¹ **它** tā	그것	타¹먼⁰ **它们** tāmen	그것들

가족 관계 🎧 000-008

예²예⁰ **爷爷** 할아버지 yéye

나이³나이⁰ **奶奶** 할머니 nǎinai

빠⁴바⁰ **爸爸** 아버지 bàba

마¹마⁰ **妈妈** 어머니 māma

지에³지에⁰ **姐姐** 언니, 누나 jiějie

꺼¹거⁰ **哥哥** 형, 오빠 gēge

메이⁴메이⁰ **妹妹** 여동생 mèimei

띠⁴디⁰ **弟弟** 남동생 dìdi

전공(专业) 🎧 000-009

션²쉐² **神学** shénxué	신학	찬³이에⁴ 바오³안¹쉐² **产业保安学** chǎnyè bǎo'ānxué	산업보안학
지¹두¹찌아오⁴ 찌아오⁴위⁴쉐² 샹¹탄²쉐² **基督教教育学·商谈学** jīdūjiào jiàoyùxué shāngtánxué	기독교 교육학· 상담학	띠엔⁴즈³ 루안³지엔⁴쉐² **电子软件学** diànzǐ ruǎnjiànxué	전자소프트웨어학
메이²티³ 광³까오⁴쉐² **媒体广告学** méitǐ guǎnggàoxué	미디어광고학	셔⁴후에이⁴ 푸²리⁴쉐² **社会福利学** shèhuì fúlìxué	사회복지학
구어²찌⁴ 징¹잉²쉐² **国际经营学** guójì jīngyíngxué	국제경영학	후⁴리³쉐² **护理学** hùlǐxué	간호학과
징³차² 씽²정⁴쉐² **警察行政学** jǐngchá xíngzhèngxué	경찰행정학	인¹위에⁴쉐² **音乐学** yīnyuèxué	음악학
구어²찌⁴ 꽌¹광¹쉐² **国际观光学** guójì guānguāngxué	국제관광학	꽁¹이엔³ 이⁴슈⁴쉐² **公演艺术学** gōngyǎn yìshùxué	공연예술학
잉¹위³ **英语** Yīngyǔ	영어	싀⁴쥐에² 씬⁴씨¹ 셔⁴찌⁴쉐² **视觉信息设计学** shìjué xìnxī shèjìxué	시각정보디자인학
쭝¹원² **中文** Zhōngwén	중국어	싀⁴네이⁴ 찌엔⁴쭈⁴ 셔⁴찌⁴쉐² **室内建筑设计学** shìnèi jiànzhù shèjìxué	실내건축디자인학
ICT 셔⁴뻬이⁴쉐² **ICT设备学** ICT shèbèixué	ICT디바이스학	팡³즈¹ 싀²주앙¹ 셔⁴찌⁴쉐² **纺织时装设计学** fǎngzhī shízhuāng shèjìxué	섬유패션디자인학

PART 01

Expression 001~020

🔍 단어 미리보기

- ☑ 好 hǎo 좋다
- ☐ 早上 zǎoshang 아침
- ☐ 大家 dàjiā 모두, 여러분
- ☐ 老师 lǎoshī 선생님
- ☐ 很 hěn 매우
- ☐ 谢谢 xièxie 감사하다, 고맙다
- ☐ 对不起 duìbuqǐ 미안하다, 죄송하다
- ☐ 没关系 méiguānxi 괜찮다, 상관없다
- ☐ 吃饭 chī fàn 밥을 먹다
- ☐ 好吃 hǎochī 맛있다
- ☐ 好久 hǎo jiǔ (아주) 오랫동안
- ☐ 不 bù 부정을 나타내는 부사
- ☐ 见 jiàn 보다, 만나다
- ☐ 是 shì 맞다, ~이다
- ☐ 再 zài 다시
- ☐ 下次 xiàcì 다음번
- ☐ 认识 rènshi 알다
- ☐ 高兴 gāoxìng 기쁘다
- ☐ 叫 jiào (이름을) ~라고 하다, 부르다
- ☐ 什么 shénme 무엇

▶ 큰 소리로 따라 읽어 봅시다. 🎧 001-002

001 니³ 하오³

你 好!

Nǐ hǎo!

◉ 안녕하세요!
Hello!

002 자오³샹⁰ 하오³

早上* 好!

Zǎoshang hǎo!

◉ 좋은 아침입니다!
Good morning!

🎧 001-002w

Words

· 你 nǐ 너, 당신 · 好 hǎo 좋다 · 早上 zǎoshang 아침

★中午 zhōngwǔ 낮 ★晚上 wǎnshang 저녁

▶ 큰 소리로 따라 읽어 봅시다. 🎧 003-004

003

따⁴지아¹ 하오³

大家 好!
Dàjiā hǎo!

➦ 여러분, 안녕하세요!
Hi, everybody!

004

라오³싀¹ 하오³

老师 好!
Lǎoshī hǎo!

➦ 선생님, 안녕하세요!
Hello, teacher!

Words 🎧 003-004w

• 大家 dàjiā 모두, 여러분 • 老师 lǎoshī 선생님

▶ 큰 소리로 따라 읽어 봅시다. 🎧 005-006

Tip
吗는 의문을 나타내는 조사로
문장 끝에 쓰입니다.

005

니³ 하오³ 마⁰

你 好 吗?

Nǐ hǎo ma?

➲ 잘 지내십니까?
How are you?

006

워³ 헌³ 하오³, 씨에⁴씨에⁰

我 很 好，谢谢!

Wǒ hěn hǎo, xièxie!

➲ 잘 지냅니다. 감사합니다!
I am fine, thanks!

🎧 005-006w

Words

· **吗** ma 의문을 나타내는 조사 · **我** wǒ 나 · **很** hěn 매우 · **谢谢** xièxie 감사하다, 고맙다

▶ 큰 소리로 따라 읽어 봅시다. 🎧007-008

007
뚜에이⁴부⁰치³

对不起!
Duìbuqǐ!

➡ 미안합니다!
I am sorry!

008
메이² 꽌¹시⁰

没关系。
Méi guānxi.

➡ 괜찮습니다.
It's ok.

| Words | 🎧007-008w |

· 对不起 duìbuqǐ 미안하다, 죄송하다 · 没关系 méi guānxi 괜찮다, 상관없다

▶ 큰 소리로 따라 읽어 봅시다. 🎧 009-010

Tip
了는 동작의 완료 또는 상태 변화를 나타내는 조사입니다.

009
칙¹ 판⁴ 러⁰ 마⁰
吃 饭 了 吗?
Chī fàn le ma?

➡ 식사하셨어요?
Did you have a meal?

010
칙¹ 판⁴ 러⁰
吃 饭 了。
Chī fàn le.

➡ 먹었습니다.
I have already eaten.

🎧 009-010w
| **Words** |

· 吃 chī 먹다 · 饭 fàn 밥 · 吃饭 chī fàn 밥을 먹다 · 了 le 동작의 완료·변화를 나타내는 조사

▶ 큰 소리로 따라 읽어 봅시다. 🎧 011-012

011
하오³츠¹   마⁰
好吃* **吗?**
Hǎochī   ma?

❍ 맛있습니까?
How does it taste?

012
헌³   하오³츠¹
很 **好吃*。**
Hěn   hǎochī.

❍ 아주 맛있어요.
It tastes really good.

| Words | 🎧 011-012w

· **好吃** hǎochī 맛있다

★ **好喝** hǎohē (음료수가) 맛있다 ★ **好看** hǎokàn 예쁘다, 보기 좋다 ★ **好听** hǎotīng 듣기 좋다

▶ 큰 소리로 따라 읽어 봅시다. 🎧 013-014

Tip
부사 不는 (동사형용사 또는
기타 부사 앞에서) 부정을 나
타내며, 뒤에 제4성이 오면 제
2성 bú로 성조가 변합니다.

013

하오³ 지우³ 부² 찌엔⁴

好 久 不 见!
Hǎo jiǔ bú jiàn!

➲ 오래간만입니다!
Long time no see.

014

싀⁴ 아⁰, 하오³ 지우³ 부² 찌엔⁴

是啊，好久不见!
Shì a, hǎo jiǔ bú jiàn!

➲ 그래요, 오래간만이네요!
Yah, it's been a while!

🎧 013-014w

Words

· 好久 hǎo jiǔ (아주) 오랫동안 · 不 bù 부정을 나타내는 부사 · 见 jiàn 보다, 만나다 · 是 shì 맞다, ~이다
· 啊 a 문장 끝에 쓰여 긍정을 나타냄

26

▶ 큰 소리로 따라 읽어 봅시다. 🎧 015-016

015
짜이⁴ 찌엔⁴

再 见!
Zài jiàn!

➡ 안녕히 가세요!
Goodbye!

Tip
上次 shàngcì 지난번

016
씨아⁴츠⁴ 찌엔⁴

下 次 见。
Xiàcì   jiàn.

➡ 다음에 봐요.
See you later.

| Words | 🎧 015-016w |

· 再 zài 다시 · 下次 xiàcì 다음번

▶ 큰 소리로 따라 읽어 봅시다. 🎧 017-018

017

런⁴싀⁰   니³   헌³   까오¹씽⁴

认识 你 很 高兴。

Rènshi nǐ hěn gāoxìng.

⊙ 당신을 알게 되어 매우 반갑습니다.
Glad to meet you.

018

워³   예³   헌³   까오¹씽⁴

我 也 很 高兴。

Wǒ yě hěn gāoxìng.

⊙ 저도 매우 반갑습니다.
Nice to meet you too.

🎧 017-018w

| Words |

· 认识 rènshi 알다 · 高兴 gāoxìng 기쁘다 · 也 yě ~도, 역시

▶ 큰 소리로 따라 읽어 봅시다. 🎧 019-020

019

니³ 찌아오⁴ 션²머⁰ 밍²쯔⁰

你 叫 什么 名字?
Nǐ jiào shénme míngzi?

⊙ 당신의 이름은 무엇입니까?
What's your name?

020

워³ 찌아오⁴ 찐¹ 민²씨우⁴

我 叫 金*民秀。
Wǒ jiào Jīn Mínxiù.

⊙ 제 이름은 김민수입니다.
My name is Minsoo Kim.

Words 🎧 019-020w

· 叫 jiào (이름을) ~라고 하다, 부르다 · 什么 shénme 무엇 · 名字 míngzi 이름

★李 Lǐ 이 ★朴 Piáo 박 ★崔 Cuī 최 ★张 Zhāng 장 ★赵 Zhào 조 ★吴 Wú 오

1. 녹음을 듣고 단어의 빈칸을 채워 봅시다. 🎧 R01-1

① [　　　] zǎoshang 아침　　② 老师 [　　　] 선생님

③ 吃饭 chī fàn [　　　]　　④ [　　　] hǎochī 맛있다

⑤ [　　　] zài [　　　]　　⑥ [　　　] [　　　] 무엇

2. 녹음을 듣고 문장의 빈칸을 채워 봅시다. 🎧 R01-2

① [　　　] 好！

Zǎoshang [　　　]！

좋은 아침입니다!

② 认识 [　　　]。

[　　　] nǐ hěn gāoxìng.

당신을 알게 되어 매우 반갑습니다.

③ [　　　] 了吗?

Chī fàn [　　　]?

식사하셨어요?

④ [　　　]?

Nǐ [　　　] shénme míngzi?

당신의 이름은 무엇입니까?

3. 해석과 단어를 참고하여 중국어 문장을 완성해 봅시다.

① 오래간만입니다!

② 잘 지냅니다. 감사합니다!

③ 맛있습니까?

④ 다음에 봐요.

⑤ 미안합니다!

⑥ 괜찮습니다.

- Hint
  - **好久** hǎo jiǔ (아주) 오랫동안 · **好吃** hǎochī 맛있다 · **下次** xiàcì 다음번

문화 1 - 중국 지도

중국의 4대 직할시

• 베이징(北京 Běijīng): 중국의 수도로서 800년의 역사를 이어왔으며, 총면적은 1만6000㎢이며 인구는 2170만 명 정도이다.

• 상하이(上海 Shànghǎi): 국제화, 현대화가 이루어진 도시로, 총면적은 6340㎢이며 인구는 2417만 명이 넘는다.

• 톈진(天津 Tiānjīn): 북방 최대 무역 항구 도시로, 총면적은 1만1946㎢이며 인구는 1556만 명이다.

• 충칭(重庆 Chóngqìng): 항일전쟁 시기 한때 국민당 정부의 임시 수도로 이용되기도 한 충칭은 1997년 이후 직할시로 승격되었으며, 면적은 8만㎢이며 인구는 3075만 명이다.

PART 02

▶ **Expression 021~040** ◀

🔍 단어 미리보기

- ☑ 学生 xuésheng 학생
- ☐ 哪个 nǎge 어느 (것)
- ☐ 韩世大学 Hánshì Dàxué 한세대학교
- ☐ 中国 Zhōngguó 중국
- ☐ 人 rén 사람
- ☐ 韩国 Hánguó 한국
- ☐ 家 jiā 집
- ☐ 有 yǒu 있다, 가지고 있다
- ☐ 几 jǐ 몇
- ☐ 都 dōu 모두
- ☐ 妹妹 mèimei 여동생
- ☐ 和 hé ~와, 그리고
- ☐ 今年 jīnnián 올해
- ☐ 多大 duō dà (나이가) 얼마인가, 어느 정도(의)
- ☐ 专业 zhuānyè 전공
- ☐ 中文 Zhōngwén 중국어
- ☐ 在 zài (사람이나 사물이) ~에 있다
- ☐ 哪儿 nǎr 어디
- ☐ 现在 xiànzài 현재, 지금
- ☐ 学校 xuéxiào 학교

▶ 큰 소리로 따라 읽어 봅시다. 🎧 021-022

021

니³ 싀⁴ 쉐²셩⁰ 마⁰

你 是 学生 吗?
Nǐ shì xuésheng ma?

❷ 당신은 학생입니까?
Are you a student?

022

싀⁴, 워³ 싀⁴ 따⁴쉐²셩⁰

是，我 是 大学生。
Shì, wǒ shì dàxuésheng.

❷ 네, 저는 대학생입니다.
Yes, I am a college student.

🎧 021-022w

Words

· 是 shì ~이다, 맞다 · 学生 xuésheng 학생 · 大学生 dàxuésheng 대학생

▶ 큰 소리로 따라 읽어 봅시다. 🎧 023-024

Tip
조사 的는 '~의'라는 뜻으로
소유나 소속을 나타냅니다.

023

니³ 싀⁴ 나³거⁰ 따⁴쉐² 더⁰ 쉐²성⁰

你 是 哪个 大学 的 学生?
Nǐ shì nǎge dàxué de xuésheng?

➲ 당신은 어느 대학 학생입니까?
Which university do you go to?

024

워³ 싀⁴ 한²싀⁴ 따⁴쉐² 더⁰ 쉐²성⁰

我 是 韩世大学* 的 学生。
Wǒ shì Hánshì Dàxué de xuésheng.

➲ 저는 한세대학교 학생입니다.
I go to Hansei University.

🎧 023-024w

| Words |

· 哪个 nǎge 어느 (것) · 大学 dàxué 대학 · 的 de ~의 · 韩世大学 Hánshì Dàxué 한세대학교

★ 北京大学 Běijīng Dàxué 북경대학교 ★ 清华大学 Qīnghuá Dàxué 청화대학교

▶ 큰 소리로 따라 읽어 봅시다.   🎧 025-026

025

니³ 싀⁴ 쭝¹구어² 런² 마⁰

你 是 中国人 吗?
Nǐ shì Zhōngguórén ma?

❂ 당신은 중국 사람입니까?
Are you Chinese?

026

부² 싀⁴,   워³ 싀⁴ 한²구어²런²

不是, 我是韩国*人。
Bú shì,   wǒ shì Hánguórén.

❂ 아니요, 저는 한국인입니다.
No, I am Korean.

Tip
是 앞에 부정을 나타내는 부사 不가 와서 '(~이) 아니다'라는 뜻을 나타냅니다.

🎧 025-026w

| Words |

· 中国 Zhōngguó 중국 · 人 rén 사람 · 韩国 Hánguó 한국

★ 美国 Měiguó 미국 ★ 日本 Rìběn 일본

36

▶ 큰 소리로 따라 읽어 봅시다. 🎧 027-028

027

니³ 지아¹ 요우³ 지³ 코우³ 런²

你 家 有 几 口 人?
Nǐ jiā yǒu jǐ kǒu rén?

ᗡ 당신의 가족은 몇 명입니까?
How many families do you have?

028

워³ 지아¹ 요우³ 쓰⁴ 코우³ 런²

我 家 有 四 口 人。
Wǒ jiā yǒu sì kǒu rén.

ᗡ 제 가족은 네 명입니다.
I have four people in my family.

Tip
중국어 숫자
· 一 yī 하나
· 二 èr 둘
· 三 sān 셋
· 四 sì 넷
· 五 wǔ 다섯
· 六 liù 여섯
· 七 qī 일곱
· 八 bā 여덟
· 九 jiǔ 아홉
· 十 shí 열

Words 🎧 027-028w

· 家 jiā 집 · 有 yǒu 있다, 가지고 있다 · 几 jǐ 몇 · 口 kǒu 식구를 세는 양사 · 四 sì 넷

▶ 큰 소리로 따라 읽어 봅시다. 🎧 029-030

029

니³ 지아¹ 또우¹ 요우³ 션²머⁰ 런²

你家 都 有 什么 人?

Nǐ jiā dōu yǒu shénme rén?

➡ 가족은 누가 있습니까?

Who are you family members?

030

빠⁴바⁰, 마¹마⁰, 메이⁴메이⁰ 허² 워³

爸爸、 妈妈、 妹妹 和 我。

Bàba、 māma、 mèimei hé wǒ.

➡ 아버지, 어머니, 여동생 그리고 제가 있습니다.

There are my parents, a sister and me.

Tip

중국어 가족 명칭

· 爷爷 yéye 할아버지
· 奶奶 nǎinai 할머니
· 哥哥 gēge 형, 오빠
· 姐姐 jiějie 누나, 언니
· 弟弟 dìdi 남동생

🎧 029-030w

| Words |

· 都 dōu 모두 · 什么人 shénme rén 어떤 사람 · 爸爸 bàba 아빠, 아버지 · 妈妈 māma 엄마, 어머니
· 妹妹 mèimei 여동생 · 和 hé ~와, 그리고

▶ 큰 소리로 따라 읽어 봅시다. 🎧 031-032

031

찐¹니엔² 니³ 뚜어¹ 따⁴

今年 你 多大?
Jīnnián nǐ duō dà?

➡️ 올해 당신은 몇 살입니까?
How old are you?

032

찐¹니엔² 얼⁴싀² 쑤에이⁴

今年 二十* 岁。
Jīnnián èrshí suì.

➡️ 올해 스무 살입니다.
I'm twenty years old.

| Words | 🎧 031-032w |

· 今年 jīnnián 올해 · 多大 duō dà (나이가) 얼마인가, 어느 정도(의) · 岁 suì 살, 세

★ 二十一 èrshíyī 스물하나 ★ 三十 sānshí 삼십 ★ 一百 yìbǎi 백

▶ 큰 소리로 따라 읽어 봅시다. 🎧 033-034

033

니³ 더⁰ 쭈안¹이에⁴ 싀⁴ 션²머⁰

你 的 专业 是 什么?
Nǐ de zhuānyè shì shénme?

➡ 당신의 전공은 무엇입니까?
What is your major?

034

워³ 더⁰ 쭈안¹이에⁴ 싀⁴ 쭝¹원²

我 的 专业 是 中文*。
Wǒ de zhuānyè shì Zhōngwén.

➡ 나의 전공은 중국어입니다.
My major is Chinese.

🎧 033-034w

Words

· 专业 zhuānyè 전공 · 中文 Zhōngwén 중국어

★ 神学 shénxué 신학 ★ 设计 shèjì 디자인 ★ 音乐 yīnyuè 음악

▶ 큰 소리로 따라 읽어 봅시다. 🎧 035-036

035

니³ 지아¹ 짜이⁴ 날³

你 家 在 哪儿?
Nǐ jiā zài nǎr?

➡ 당신의 집은 어디에 있습니까?
Where do you live?

036

워³ 지아¹ 짜이⁴ 쇼우³얼³

我 家 在 首尔*。
Wǒ jiā zài Shǒu'ěr.

➡ 나의 집은 서울에 있습니다.
I live in Seoul.

Tip
在 뒤에는 장소를 나타내는
단어가 옵니다.

Words 🎧 035-036w

· 在 zài (사람이나 사물이) ~에 있다 · 哪儿 nǎr 어디 · 首尔 Shǒu'ěr 서울

★ 釜山 Fǔshān 부산 ★ 仁川 Rénchuān 인천

▶ 큰 소리로 따라 읽어 봅시다. 🎧 037-038

037

씨엔⁴짜이⁴ 니³ 짜이⁴ 날³

现在 你 在 哪儿?
Xiànzài nǐ zài nǎr?

◐ 지금 당신은 어디에 계세요?
Where are you now?

038

씨엔⁴짜이⁴ 워³ 짜이⁴ 투²슈¹관³

现在 我 在 图书馆*。
Xiànzài wǒ zài túshūguǎn.

◐ 지금 저는 도서관에 있어요.
I'm in the library.

🎧 037-038w

Words

· 现在 xiànzài 현재, 지금 · 图书馆 túshūguǎn 도서관

★ 咖啡厅 kāfēitīng 커피숍 ★ 家 jiā 집

▶ 큰 소리로 따라 읽어 봅시다. 🎧 039-040

씨엔⁴짜이⁴ 니³ 취⁴ 날³

现在 你 去 哪儿?
Xiànzài nǐ qù nǎr?

➲ 지금 당신은 어디에 가세요?
Where are you headed?

씨엔⁴짜이⁴ 워³ 취⁴ 쉐²씨아오⁴

现在 我 去 学校*。
Xiànzài wǒ qù xuéxiào.

➲ 지금 저는 학교에 갑니다.
I'm on the way to school.

| Words | 🎧 039-040w

· 去 qù 가다 · 学校 xuéxiào 학교

★ 商店 shāngdiàn 상점 ★ 公司 gōngsī 회사, 직장 ★ 银行 yínháng 은행

1. 녹음을 듣고 단어의 빈칸을 채워 봅시다. 🎧 R02-1

① 图书馆 [____] 도서관　② 哪儿　nǎr [____]

③ 有　yǒu [____]　④ 妹妹 [____] 여동생

⑤ [____] [____] (나이가) 얼마인가　⑥ [____] zhuānyè 전공

2. 녹음을 듣고 문장의 빈칸을 채워 봅시다. 🎧 R02-2

① 你 [____] 学生 [____]？
Nǐ shì [____] ma?
당신은 학생입니까?

② [____]，我是韩国人。
Bú shì, wǒ shì [____].
아니요, 저는 한국인입니다.

③ 你家有 [____] 人？
[____] yǒu jǐ kǒu rén?
당신의 가족은 몇 명입니까?

④ 你家 [____] 人？
Nǐ jiā dōu yǒu shénme [____]？
가족은 누가 있습니까?

3. 해석과 단어를 참고하여 중국어 문장을 완성해 봅시다.

① 올해 스무 살입니다.

② 나의 전공은 중국어입니다.

③ 당신의 집은 어디에 있습니까?

④ 지금 저는 도서관에 있어요.

⑤ 지금 당신은 어디에 가세요?

⑥ 지금 저는 학교에 갑니다.

─ Hint

专业 zhuānyè 전공 · 中文 Zhōngwén 중국어 · 哪儿 nǎr 어디 · 图书馆 túshūguǎn
도서관 · 现在 xiànzài 현재, 지금 · 学校 xuéxiào 학교

- 메이투안 와이마이 vs 어러머
- 손끝으로 음식 주문, 빠르고 간편하게!
- 음식, 케익, 꽃, 약, 과일, 음료 등 웬만하면 다 있는 배달 서비스!

현재 중국에서는 '메이투안 와이마이(美团外卖)'와 경쟁사인 '어러머(饿了么)'라는 음식 주문 배달 서비스 앱이 중국인의 사랑을 받고 있다. 이들 배달앱에서는 음식 주문뿐 아니라 케익, 꽃, 약, 과일, 편의점 물품의 대리 구매 서비스를 제공하고 있다.

메이투안 와이마이(美团外卖 Měituán Wàimài)

2010년 설립된 공동구매 사이트 '메이투안왕(美团网)'의 계열 회사인 '메이투안 와이마이'는 2013년 베이징에서 시작되었다. 사용자수는 2억 5천 명에 달하며, 계약업체 수는 200만 업체가 넘는다. 배달원 수는 50만 명이 넘어 1300개가 넘는 도시를 커버할 수 있으며 하루 동안 받는 주문서만 1800만 개에 달한다고 한다.

어러머(饿了么 Èleme)

'어러머'는 2008년에 상하이에서 창립된 기업으로 중국 토종 배달서비스 기업이다. 현재까지 온라인 배달 서비스가 가능한 도시는 2000개가 넘었고 가맹식당 130만 개, 이용자 수 2억 6천만 명으로 '메이투안 와이마이'와 함께 중국 음식 배달 서비스 업계의 쌍벽을 이루고 있다.

PART 03

Expression 041~060

🔍 단어 미리보기

- ☑ 今天 jīntiān 오늘
- ☐ 几 jǐ 몇
- ☐ 星期三 xīngqīsān 수요일
- ☐ 月 yuè 월
- ☐ 号 hào 일
- ☐ 生日 shēngrì 생일
- ☐ 祝 zhù 기원하다, 축복하다
- ☐ 快乐 kuàilè 즐겁다, 행복하다
- ☐ 下午 xiàwǔ 오후
- ☐ 周末 zhōumò 주말
- ☐ 做 zuò 하다
- ☐ 电影 diànyǐng 영화
- ☐ 没有 méiyǒu 없다
- ☐ 时间 shíjiān 시간
- ☐ 天气 tiānqì 날씨
- ☐ 怎么样 zěnmeyàng 어떻다, 어떠하다
- ☐ 最近 zuìjìn 요즘
- ☐ 忙 máng 바쁘다
- ☐ 点 diǎn 시(時)
- ☐ 两 liǎng 둘(두)

Expression 041-044

▶ 큰 소리로 따라 읽어 봅시다. 🎧 041-042

041 찐¹티엔¹ 씽¹치¹ 지³

今天 星期 几?
Jīntiān xīngqī jǐ?

➡ 오늘은 무슨 요일입니까?
What day is today?

042 찐¹티엔¹ 씽¹치¹싼¹

今天 星期三*。
Jīntiān xīngqīsān.

➡ 오늘은 수요일입니다.
It's Wednesday.

Tip
星期 대신 周를 사용해서 요일을 나타낼 수도 있습니다.

Tip
중국어 요일
• 周一 zhōuyī 월요일
• 周二 zhōuèr 화요일
• 周三 zhōusān 수요일
• 周四 zhōusì 목요일
• 周五 zhōuwǔ 금요일
• 周六 zhōuliù 토요일
• 周日 zhōurì 일요일

🎧 041-042w

| Words |

• 今天 jīntiān 오늘 • 星期 xīngqī 요일 • 几 jǐ 몇 • 星期三 xīngqīsān 수요일

★ 星期一 xīngqīyī 월요일 ★ 星期二 xīngqī'èr 화요일 ★ 星期四 xīngqīsì 목요일
★ 星期五 xīngqīwǔ 금요일 ★ 星期六 xīngqīliù 토요일 ★ 星期天 xīngqītiān 일요일

▶ 큰 소리로 따라 읽어 봅시다. 🎧 043-044

043

밍²티엔¹ 지³ 위에⁴ 지³ 하오⁴

明天 几 月 几 号?

Míngtiān jǐ yuè jǐ hào?

➡ 내일은 몇 월 며칠입니까?
What date is it tomorrow?

Tip
号는 우리말 표현과 같이 日
로 바꾸어 써도 되며, 日는
보통 서면어에서 쓰입니다.

044

밍²티엔¹   지우³ 위에⁴ 싀²우³ 하오⁴

明天 九 月 十五 号。

Míngtiān jiǔ yuè shíwǔ hào.

➡ 내일은 9월 15일입니다.
Tomorrow is September 15.

Tip
시간사·숫자는 긍정문에서
술어로 쓸 수 있으므로 是를
쓰지 않아도 됩니다. 단, 부정
문에서는 是를 생략할 수 없
으므로 반드시 不是를 써야
합니다.

• 明天不是九月十五号。

　내일은 9월 15일이 아닙니다.

| Words | 🎧 043-044w |

• 明天 míngtiān 내일 ・ 月 yuè 월 ・ 号 hào 일

▶ 큰 소리로 따라 읽어 봅시다. 🎧 045-046

045

니³ 더⁰ 셩¹르⁴ 싀⁴ 지³ 위에⁴ 지³ 하오⁴

你 的 生日 是 几 月 几 号?

Nǐ de shēngrì shì jǐ yuè jǐ hào?

➲ 당신의 생일은 몇 월 며칠입니까?
When is your birthday?

046

워³ 더⁰ 셩¹르⁴ 싀⁴ 싀²얼⁴ 위에⁴ 얼⁴싀²쓰⁴ 하오⁴

我 的 生日 是 十二 月 二十四 号。

Wǒ de shēngrì shì shí'èr yuè èrshísì hào.

➲ 제 생일은 12월 24일입니다.
My birthday is December 24th.

🎧 045-046w

Words

· 生日 shēngrì 생일

50

▶ 큰 소리로 따라 읽어 봅시다. 🎧 047-048

047

쭈⁴ 니³ 성¹르⁴ 콰이⁴러⁴

祝 你 生日* 快乐!
Zhù nǐ shēngrì kuàilè!

⮕ 생일 축하합니다!
Happy birthday!

048

씨에⁴씨에⁰

谢谢!
Xièxie!

⮕ 감사합니다!
Thank you!

Words 🎧 047-048w

· 祝 zhù 기원하다, 축복하다 · 快乐 kuàilè 즐겁다, 행복하다

★春节 Chūnjié 춘절, 음력설 ★中秋节 Zhōngqiūjié 중추절, 추석 ★圣诞节 Shèngdànjié 성탄절

▶ 큰 소리로 따라 읽어 봅시다. 🎧 049-050

049

밍²티엔¹ 씨아⁴우³ 니³ 짜이⁴ 날³

明天 下午* 你 在 哪儿?
Míngtiān xiàwǔ   nǐ   zài   nǎr?

◑ 내일 오후에 당신은 어디에 있습니까?
Where will you be tomorrow afternoon?

050

밍²티엔¹ 씨아⁴우³ 워³ 짜이⁴ 쉐²씨아오⁴

明天 下午* 我 在 学校。
Míngtiān xiàwǔ   wǒ zài   xuéxiào.

◑ 내일 오후에 나는 학교에 있습니다.
I'll be at school tomorrow afternoon.

🎧 049-050w

Words

· 下午 xiàwǔ 오후

★上午 shàngwǔ 오전 ★早上 zǎoshang 아침 ★中午 zhōngwǔ 낮 ★晚上 wǎnshang 저녁

▶ 큰 소리로 따라 읽어 봅시다. 🎧 051-052

051

쫀우¹모⁴ 니³ 쭈어⁴ 션²머⁰

周末 你 做 什么?
Zhōumò nǐ zuò shénme?

➋ 주말에 당신은 무엇을 합니까?
What do you do on weekends?

052

쫀우¹모⁴ 워³ 칸⁴ 띠엔⁴잉³

周末 我 看 电影*。
Zhōumò wǒ kàn diànyǐng.

➋ 주말에 저는 영화를 봅니다.
I watch movies on weekends.

| Words | 🎧 051-052w |

・周末 zhōumò 주말 ・做 zuò 하다 ・看 kàn 보다 ・电影 diànyǐng 영화

★去教会 qù jiàohuì 교회에 가다 ★在家休息 zài jiā xiūxi 집에서 쉬다 ★见朋友 jiàn péngyou 친구를 만나다

▶ 큰 소리로 따라 읽어 봅시다. 🎧 053-054

Tip
중국어 시간 명사
· 昨天 zuótiān 어제
· 今天 jīntiān 오늘
· 明天 míngtiān 내일
· 后天 hòutiān 모레

053

찐¹티엔¹ 요우³ 싀²지엔¹ 마⁰

今天 有 时间* 吗?
Jīntiān yǒu shíjiān ma?

➲ 오늘 시간이 있습니까?
Do you have time today?

054

찐¹티엔¹ 메이²요우³ 싀²지엔¹, 밍²티엔¹ 요우³ 싀²지엔¹

今天 没有 时间*, 明天 有 时间*。
Jīntiān méiyǒu shíjiān, míngtiān yǒu shíjiān.

➲ 오늘은 시간이 없습니다. 내일 시간이 있습니다.
No, I don't, but I have time tomorrow.

🎧 053-054w

Words

· 今天 jīntiān 오늘 · 时间 shíjiān 시간 · 没有 méiyǒu 없다

★ 课 kè 수업 ★ 考试 kǎoshì 시험

▶ 큰 소리로 따라 읽어 봅시다. 🎧055-056

055
 찐¹티엔¹ 티엔¹치⁴ 전³머⁰양⁴

今天 天气 怎么样?
Jīntiān tiānqì zěnmeyàng?

⮕ 오늘 날씨가 어떻습니까?
How is the weather today?

056
 찐¹티엔¹ 티엔¹치⁴ 헌³ 하오³

今天 天气 很 好*。
Jīntiān tiānqì hěn hǎo.

⮕ 오늘 날씨가 아주 좋습니다.
It's very nice today.

· 天气 tiānqì 날씨 · 怎么样 zěnmeyàng 어떻다, 어떠하다

★热 rè 덥다 ★冷 lěng 춥다 ★凉快 liángkuai 시원하다

▶ 큰 소리로 따라 읽어 봅시다. 🎧 057-058

057

니³ 쭈에이⁴찐⁴ 전³머⁰양⁴

你 最近 怎么样?
Nǐ   zuìjìn   zěnmeyàng?

❷ 요즘 어떻게 지내세요?
How is it going?

058

쭈에이⁴찐⁴ 헌³ 망²

最近 很 忙*。
Zuìjìn   hěn máng.

❷ 요즘 바쁩니다.
I'm busy these days.

🎧 057-058w

Words

· 最近 zuìjìn 요즘 · 忙 máng 바쁘다

★很累 hěn lèi 매우 피곤하다 ★很好 hěn hǎo 매우 좋다 ★还可以 hái kěyǐ 그럭저럭 괜찮다

▶ 큰 소리로 따라 읽어 봅시다. 🎧 059-060

059

씨엔4짜이4 지3 디엔3

现在　几点?
Xiànzài　jǐ　diǎn?

➲ 지금은 몇 시입니까?
What time is it now?

060

씨엔4짜이4 량3 디엔3 스2우3 펀1

现在　两点十五分。
Xiànzài　liǎng diǎn　shíwǔ　fēn.

➲ 지금은 2시 15분입니다.
It's two fifteen.

| Words | 🎧 059-060w |

・现在 xiànzài 지금 ・点 diǎn 시(時) ・两 liǎng 둘(두) ・分 fēn 분

1. 녹음을 듣고 단어의 빈칸을 채워 봅시다. 🎧 R03-1

① 星期 [　　　] 요일　　② 明天 míngtiān [　　　]

③ [　　　] shēngrì 생일　　④ 下午 [　　　] 오후

⑤ 周末 [　　　] [　　　]　　⑥ [　　　] [　　　] 날씨

2. 녹음을 듣고 문장의 빈칸을 채워 봅시다. 🎧 R03-2

① 今天 [　　　] 。

[　　　] xīngqīsān.

오늘은 수요일입니다.

② 明天 [　　　] 月 [　　　] 号?

[　　　] jǐ yuè jǐ hào?

내일은 몇 월 며칠입니까?

③ 祝你 [　　　] !

Zhù nǐ shēngrì [　　　] !

생일 축하합니다!

④ 明天下午 [　　　] ?

Míngtiān [　　　] nǐ zài nǎr?

내일 오후에 당신은 어디에 있습니까?

3. 해석과 단어를 참고하여 중국어 문장을 완성해 봅시다.

① 주말에 저는 영화를 봅니다.

② 오늘 시간이 있습니까?

③ 오늘 날씨가 어떻습니까?

④ 요즘 바쁩니다.

⑤ 지금은 몇 시입니까?

⑥ 내일 오후에 나는 학교에 있습니다.

– Hint

· **电影** diànyǐng 영화 · **时间** shíjiān 시간 · **怎么样** zěnmeyàng 어떻습니까? · **最近** zuìjìn 요즘 · **点** diǎn 시(時) · **明天** míngtiān 내일

문화 3 - 손안에 든 결제 시스템

- 위챗페이와 알리페이
- 1元을 결제할 때도 위챗페이를 사용하는 중국인!
- 현금이 없는 건 상관없으나 휴대전화 배터리가 없는 건 두려워해!

위챗페이(微信支付 wēixìn zhīfù)

한국에서는 SNS에서의 의
사소통 도구로 주로 카카
오톡을 사용하는 것에 비
해 중국인들은 위챗(微信
wēixìn)을 사용한다. 위챗
은 중국 최대 인터넷 기업

인 텅쉰(腾讯 téngxùn)이 개발한 휴대전화를 기반으로 한 앱으로서 현재 중국의 14억 인구 중 약 8억
명에 달하는 사람이 위챗을 사용하고 있다. 위챗에는 다양한 기능이 있는데 그중 가잘 널리 쓰이는 것은
지불기능인 '위챗페이'다. '위챗페이'는 카드 지불, 큐알코드 지불, 휴대전화 번호를 이용한 지불, 앱 지
불 기능 등이 있으며, 기업 상품권(红包), 즉시 차감권 등 영업상의 새로운 기능 등을 제공하여 고객들을
만족시키는 새로운 지불환경을 구축해 놓았다. 중국 대도시에 있는 거의 모든 상점에서 위챗의 큐알코
드를 이용한 결제가 가능하다. 최근에 추가된 위챗의 새로운 기능인 '친족카드(亲属卡 qīnshǔkǎ)'는 사
용자의 가족 또는 가까운 사람을 위하여 대신 지불해 주는 기능이다.

알리페이(支付宝 zhīfùbǎo)

알리페이는 중국의 유명기
업 알리바바의 창시자 마윈
이 만들어낸 휴대전화 기반
결제시스템이다. 현재 약 5
억 2천 명 정도가 사용하는
알리페이는 중국인에게는

보편적인 생활형 지불방식으로서 은행 계좌 및 신용카드와도 연동시켜 온라인 송금, 결제는 물론 재테
크를 위한 금융활동도 가능하다.

PART 04

Expression 061~080

🔍 단어 미리보기

- ☑ 一起 yìqǐ 같이, 함께
- ☐ 吃饭 chī fàn 밥을 먹다
- ☐ 喜欢 xǐhuan 좋아하다
- ☐ 菜 cài 음식
- ☐ 给 gěi (~에게) ~을 주다
- ☐ 热 rè 뜨겁다
- ☐ 水 shuǐ 물
- ☐ 等 děng 기다리다
- ☐ 每天 měitiān 매일
- ☐ 回家 huí jiā 귀가하다
- ☐ 在 zài (사람이나 사물이) ~에 있다
- ☐ 洗手间 xǐshǒujiān 화장실
- ☐ 前面 qiánmiàn 앞
- ☐ 爱好 àihào 취미
- ☐ 运动 yùndòng 운동하다
- ☐ 游泳 yóuyǒng 수영(하다)
- ☐ 过 guo ~한 적이 있다
- ☐ 没有 méiyǒu ~않다(과거의 경험·행위를 부정함)
- ☐ 电影 diànyǐng 영화

▶ 큰 소리로 따라 읽어 봅시다. 🎧 061-062

061

밍²티엔¹ 워³먼⁰ 이⁴치³ 츨¹ 판⁴, 전³머⁰양⁴

明天 我们 一起 吃饭*, 怎么样?
Míngtiān wǒmen yìqǐ chī fàn, zěnmeyàng?

⊙ 내일 우리 함께 식사하는 게 어때요?
How about having dinner with me tomorrow?

062

하오³, 지³ 디엔³ 찌엔⁴

好, 几点见?
Hǎo, jǐ diǎn jiàn?

⊙ 좋아요, 몇 시에 만날까요?
Good idea, what time shall we meet?

🎧 061-062w

| Words |

・一起 yìqǐ 같이, 함께 ・吃饭 chī fàn 밥을 먹다

★看电影 kàn diànyǐng 영화를 보다 ★喝咖啡 hē kāfēi 커피를 마시다 ★去旅行 qù lǚxíng 여행을 가다

▶ 큰 소리로 따라 읽어 봅시다. 🎧 063-064

063

니³ 시³환⁰ 최¹ 션²머⁰ 차이⁴

你 喜欢 吃 什么 菜?
Nǐ xǐhuan chī shénme cài?

➡ 당신은 무슨 음식을 좋아합니까?
What kind of food do you like?

064

워³ 시³환⁰ 최¹ 쭝¹구어²차이⁴

我 喜欢 吃 中国菜＊。
Wǒ xǐhuan chī zhōngguócài.

➡ 저는 중국 음식을 좋아합니다.
I like Chinese food.

| Words | 🎧 063-064w |

· 喜欢 xǐhuan 좋아하다 · 菜 cài 음식 · 中国菜 zhōngguócài 중국 음식

★ 西餐 xīcān 서양 음식 ★ 韩国菜 hánguócài 한국 음식 ★ 日本菜 rìběncài 일본 음식

▶ 큰 소리로 따라 읽어 봅시다. 🎧 065-066

065

게이³ 워³ 르어⁴슈에이³

给 我 热水*。

Gěi wǒ rèshuǐ.

➡ 뜨거운 물 좀 주세요.
I'd like some hot water, please.

066

하오³, 덩³ 이²씨아⁴

好， 等一下。

Hǎo, děng yíxià.

➡ 알겠습니다. 잠시만 기다려 주세요.
Okay. Just a moment, please.

Tip
一下는 동사 뒤에 쓰여 동작
이 잠깐, 가볍게 일어남을 나
타냅니다.

🎧 065-066w

Words

· 给 gěi (~에게) ~을 주다 · 热 rè 뜨겁다 · 水 shuǐ 물 · 等 děng 기다리다 · 一下 yíxià 잠시, 잠깐

★菜单 càidān 메뉴 ★餐巾纸 cānjīnzhǐ 종이 냅킨

64

▶ 큰 소리로 따라 읽어 봅시다. 🎧 067-068

067

니³ 메이³티엔¹ 지³ 디엔³ 후에이² 지아¹

你 每天 几点 回家＊?
Nǐ měitiān jǐ diǎn huí jiā?

➡ 당신은 매일 몇 시에 집에 갑니까?
When do you get home everyday?

068

워³ 메이³티엔¹ 완³상⁰ 싀² 디엔³ 후에이² 지아¹

我 每天 晚上 十点 回家＊。
Wǒ měitiān wǎnshang shí diǎn huí jiā.

➡ 매일 저녁 10시에 집에 갑니다.
I get home at 10 p.m. everyday.

🎧 067-068w

| Words |

· 每天 měitiān 매일 · 回家 huí jiā 귀가하다 · 晚上 wǎnshang 저녁

★ 上班 shàngbān 출근하다 ★ 睡觉 shuìjiào (잠을) 자다 ★ 起床 qǐchuáng 일어나다 ★ 吃晚饭 chī wǎnfàn 저녁을 먹다

▶ 큰 소리로 따라 읽어 봅시다. 🎧 069-070

069

쭈에이⁴찐⁴ 망² 뿌⁰ 망²

最近　忙不忙?
Zuìjìn　máng bu máng?

➋ 요즘 바쁘십니까?
Are you busy these days?

070

부² 타이⁴ 망²

不太*忙。
Bú tài　máng.

➋ 그다지 바쁘지 않습니다.
I'm not particularly busy.

🎧 069-070w

| Words |

· 忙 máng 바쁘다 · 不太 bú tài 그다지 ~하지 않다

★有点儿 yǒudiǎnr 조금 ~하다(부정적인 의미)

▶ 큰 소리로 따라 읽어 봅시다. 🎧 071-072

071

 시³쇼우³지엔¹ 짜이⁴ 날³
洗手间* 在 哪儿?
Xǐshǒujiān zài nǎr?

➡ 화장실은 어디에 있습니까?
Where is the restroom?

072

 시³쇼우³지엔¹ 짜이⁴ 치엔²미엔⁴
洗手间* 在 前面。
Xǐshǒujiān zài qiánmiàn.

➡ 화장실은 앞에 있습니다.
It's located in the forward.

Tip
后面 hòumiàn 뒤

Words 🎧 071-072w

・洗手间 xǐshǒujiān 화장실 ・在 zài (사람이나 사물이) ~에 있다 ・前面 qiánmiàn 앞

★办公室 bàngōngshì 사무실 ★便利店 biànlìdiàn 편의점

▶ 큰 소리로 따라 읽어 봅시다. 🎧 073-074

073

니³ 더⁰ 아이⁴하오⁴ 싀⁴   션²머⁰

你 的 爱好 是 什么?
Nǐ de àihào shì shénme?

↪ 당신의 취미는 무엇입니까?
What is your hobby?

074

워³ 더⁰ 아이⁴하오⁴ 싀⁴ 칸⁴ 띠엔⁴잉³

我 的 爱好 是 看 电影*。
Wǒ de àihào shì kàn diànyǐng.

↪ 나의 취미는 영화 보는 것입니다.
My hobby is watching movies.

🎧 073-074w

Words

· 爱好 àihào 취미 · 电影 diànyǐng 영화

★看书 kàn shū 독서하다 ★听音乐 tīng yīnyuè 음악을 듣다

▶ 큰 소리로 따라 읽어 봅시다. 🎧 075-076

니³ 시³환⁰ 션²머⁰ 윈⁴뚱⁴

你 喜欢 什么 运动?
Nǐ xǐhuan shénme yùndòng?

  ➲ 당신은 무슨 운동을 좋아합니까?
  What kind of sports do you like?

워³ 시³환⁰ 요우²용³

我 喜欢 游泳*.
Wǒ xǐhuan yóuyǒng.

  ➲ 나는 수영을 좋아합니다.
  I like swimming.

🎧 075-076w

| Words |

· 运动 yùndòng 운동하다 · 游泳 yóuyǒng 수영(하다)

★ 爬山 pá shān 등산하다 ★ 滑雪 huáxuě 스키를 타다

▶ 큰 소리로 따라 읽어 봅시다. 🎧 077-078

077

니³ 츠¹구어⁰ 쭝¹구어²차이⁴ 마⁰

你 吃过 中国菜* 吗?

Nǐ   chīguo   zhōngguócài ma?

Tip
过는 동사 뒤에 붙어서 동작
의 '경험'을 나타내며, 부정
형은 동사 앞에 没(有)를 씁
니다.

➔ 당신은 중국 음식을 먹어 본 적이 있습니까?
Have you ever tried Chinese food?

078

츠¹구어⁰ 쭝¹구어²차이⁴

吃过 中国菜*。

Chīguo   zhōngguócài.

➔ 중국 음식을 먹어 본 적이 있습니다.
Yes, I have.

🎧 077-078w

| **Words** |

· 过 guo ～한 적이 있다

★ 去过中国 qùguo Zhōngguó 중국에 가 본 적이 있다 ★ 听过中国歌 tīngguo zhōngguógē 중국 노래를 들어 본 적이 있다 ★ 看过中国电影 kànguo Zhōngguó diànyǐng 중국 영화를 본 적이 있다

70

▶ 큰 소리로 따라 읽어 봅시다. 🎧 079-080

079

니³ 칸⁴구어⁰ 쭝¹구어² 띠엔⁴잉³ 마⁰

你 看过 中国电影　吗?
Nǐ　kànguo Zhōngguó diànyǐng ma?

◐ 당신은 중국 영화를 본 적이 있습니까?
Have you ever seen a Chinese movie?

080

메이²요우³ 칸⁴구어⁰ 쭝¹구어² 띠엔⁴잉³

没有　看过　中国电影。
Méiyǒu　kànguo　Zhōngguó diànyǐng.

◐ 중국 영화를 본 적이 없습니다.
I have not ever seen Chinese movie.

Words 🎧 079-080w

• 没有 méiyǒu ~않다(과거의 경험 · 행위를 부정함)

1. 녹음을 듣고 단어의 빈칸을 채워 봅시다. 🎧 R04-1

① 一起　　yìqǐ　　　　　　　　　　② 　　　　　　xǐhuan　　좋아하다

③ 给　　　　　　　　(~에게) ~을 주다　④ 回家　　huí jiā

⑤ 　　　　　　　　　화장실　　　⑥ 爱好　　　　　　　　취미

2. 녹음을 듣고 문장의 빈칸을 채워 봅시다. 🎧 R04-2

① 好, 　　　　　　见?

　　　　　　, jǐ diǎn jiàn?

좋아요, 몇 시에 만날까요?

② 我 　　　　　　中国菜。

Wǒ xǐhuan chī 　　　　　　.

저는 중국 음식을 좋아합니다.

③ 　　　　　　热水。

Gěi wǒ 　　　　　　.

뜨거운 물 좀 주세요.

④ 　　　　　　　　　　　　　　　?

Nǐ 　　　　　　jǐ diǎn huí jiā?

당신은 매일 몇 시에 집에 갑니까?

3. 해석과 단어를 참고하여 중국어 문장을 완성해 봅시다.

① 내일 우리 함께 식사하는 게 어때요?

② 화장실은 어디에 있습니까?

③ 나의 취미는 영화 보는 것입니다.

④ 당신은 무슨 운동을 좋아합니까?

⑤ 당신은 중국 음식을 먹어 본 적이 있습니까?

⑥ 중국 영화를 본 적이 없습니다.

－ Hint

洗手间 xǐshǒujiān 화장실　哪儿 nǎr 어디　看电影 kàn diànyǐng 영화를 보다　运动
yùndòng 운동하다　过 guo ～한 적이 있다　没有 méiyǒu ～않다(과거의 경험·행위를 부정함)

문화 4 - 중국 젊은이들이 즐겨 쓰는 유행어 1

- 씨 먹으며 눈팅만 하는 관중!

- 너무 귀여워~ 멍멍다~

- 헐~ 나도 취했어!

吃瓜群众 [chīguā qúnzhòng] 씨 먹는 관중

'吃瓜群众'은 직역하면 수박이나 해바라기 씨를 먹는 대중이라
는 의미이다. 인터넷에 올라온 글이나 기사를 보면서도 자신의
어떠한 견해나 의사를 표시하지 않고 '눈팅'만 하는 사람들을 비
꼬는 의미로 사용된다.

萌萌哒 [méngméngdā] 너무 귀여워!

'萌萌哒'는 직역하면 '너무 귀엽다'는 뜻이다. 보통 귀엽다는 표
현으로 '可爱'를 많이 쓰는데, 요즘에는 중국인들이 '可爱'보다
'萌萌哒'를 더 많이 쓰고 있다. '萌萌哒'를 그대로 쓰기도 하며,
'好萌! Hǎo méng! (엄청 귀여워!)'이나 '萌爆了! Méngbào
le! (귀여움 폭발!)'와 같은 형태로 쓰기도 한다. 한국어의 유행어
'귀요미'로 해석해도 된다. '哒'는 새로 만든 어기조사이며, 기능
은 '的'와 비슷하다.

我也是醉了 [wǒ yě shì zuì le] 어이없어!

직역하면 '나도 취했다'는 뜻이다. 요즘 인터넷에 활발하게 쓰이
고 있어 의미가 많이 확대되었다. 취했다는 의미보다 미쳤다거
나 할 말이 없다는 의미의 비웃는 표현으로 쓰고 있다. 어떠한 행
동에 대해 어이가 없거나, '할 말을 잃었다'는 등 약간 감정 상태
가 좋지 않을 때 사용한다. 중국어로 '无奈 wúnài (어이없다)',
'无语 wúyǔ (할 말 없다)'와 비슷한 어감을 가지고 있다.

PART 05

▶ Expression 081~100 ◀

🔍 단어 미리보기

☑ 好吃 hǎochī 맛있다

☐ 这个 zhège 이, 이것

☐ 周末 zhōumò 주말

☐ 打工 dǎgōng 아르바이트하다

☐ 要 yào ~하려고 하다

☐ 买 mǎi 사다, 구매하다

☐ 水果 shuǐguǒ 과일

☐ 苹果 píngguǒ 사과

☐ 附近 fùjìn 근처

☐ 商店 shāngdiàn 상점

☐ 前面 qiánmiàn 앞

☐ 工作 gōngzuò 일, 직업, 일하다

☐ 离 lí ~로부터

☐ 远 yuǎn 멀다

☐ 坐 zuò 타다, 앉다

☐ 飞机 fēijī 비행기

☐ 小时 xiǎoshí 시간(시간을 세는 단위)

☐ 地铁站 dìtiězhàn 지하철역

☐ 走路 zǒulù 길을 걷다

☐ 银行 yínháng 은행

▶ 큰 소리로 따라 읽어 봅시다. 🎧 081-082

081

쭝¹구어²차이⁴ 전³머⁰양⁴

中国菜 怎么样?

Zhōngguócài zěnmeyàng?

➡ 중국 음식은 어떻습니까?
How do you like Chinese food?

082

쭝¹구어²차이⁴ 헌³ 하오³츨¹

中国菜 很 好吃*。

Zhōngguócài hěn hǎochī.

➡ 중국 음식은 맛있습니다.
It's delicious.

🎧 081-082w

Words

• 菜 cài 요리, 음식 • 好吃 hǎochī 맛있다

★辣 là 맵다 ★油腻 yóunì 기름지다 ★甜 tián 달콤하다 ★咸 xián 짜다

▶ 큰 소리로 따라 읽어 봅시다. 🎧 083-084

083

쩌⁴ 거⁰　쪼우¹모⁴　니³　쭈어⁴　션²머⁰

这个 周末 你做 什么?

Zhège　zhōumò　nǐ　zuò　shénme?

➡ 이번 주말에 무엇을 합니까?
What are you going to do this weekend?

084

쩌⁴ 거⁰　쪼우¹모⁴　워³　다³꿍¹

这个 周末 我 打工*。

Zhège　zhōumò　wǒ　dǎgōng.

➡ 이번 주말에 아르바이트를 합니다.
I do a part-time this weekend.

Words 🎧 083-084w

· 这个 zhège 이, 이것 · 周末 zhōumò 주말 · 做 zuò 하다 · 打工 dǎgōng 아르바이트하다

★去教会 qù jiàohuì 교회에 가다 ★学汉语 xué Hànyǔ 중국어를 배우다 ★见朋友 jiàn péngyou 친구를 만나다

▶ 큰 소리로 따라 읽어 봅시다. 🎧085-086

Tip
要는 조동사로서 '~동작을 하려고 한다'는 의미입니다.
要 뒤에 동사가 나오지 않으면 '필요하다', '요구하다'는 의미의 동사로 쓰인 것입니다.

085

니³ 야오⁴ 마이³ 션²머⁰

你 要 买 什么?
Nǐ yào mǎi shénme?

➲ 무엇을 사려고 합니까?
What do you want to buy?

086

워³ 야오⁴ 마이³ 슈에이³구어³

我 要 买 水果*。
Wǒ yào mǎi shuǐguǒ.

➲ 과일을 사려고 합니다.
I want to buy some fruits.

🎧085-086w

Words

· 要 yào ~하려고 하다 · 买 mǎi 사다, 구매하다 · 水果 shuǐguǒ 과일

★衣服 yīfu 옷 ★手机 shǒujī 휴대전화

78

▶ 큰 소리로 따라 읽어 봅시다. 🎧 087-088

087

니³ 야오⁴ 마이³ 션²머⁰ 슈에이³구어³

你 要 买 什么 水果?
Nǐ yào mǎi shénme shuǐguǒ?

❷ 당신은 무슨 과일을 사려고 합니까?
What kind of fruits do you want to buy?

088

워³ 야오⁴ 마이³ 핑²구어³

我 要 买 苹果*。
Wǒ yào mǎi píngguǒ.

❷ 사과를 사려고 합니다.
I want to buy some apples.

🎧 087-088w

| Words |

· 苹果 píngguǒ 사과

★梨 lí 배　★西瓜 xīguā 수박　★草莓 cǎoméi 딸기　★葡萄 pútao 포도　★桔子 júzi 귤

▶ 큰 소리로 따라 읽어 봅시다. 🎧 089-090

089

푸⁴찐⁴　요우³　샹¹띠엔⁴　마⁰

附近 有 商店* 吗?

Fùjìn　yǒu　shāngdiàn ma?

⊙ 근처에 상점이 있습니까?
Is there a shop nearby?

090

요우³,　짜이⁴　치엔²미엔⁴

有, 在 前面。

Yǒu,　zài　qiánmiàn.

⊙ 있습니다. 앞에 있습니다.
Yes, there is. It's over there.

🎧 089-090w

Words

·附近 fùjìn 근처 ·商店 shāngdiàn 상점 ·前面 qiánmiàn 앞

★书店 shūdiàn 서점 ★超市 chāoshì 슈퍼마켓, 마트 ★餐厅 cāntīng 식당

▶ 큰 소리로 따라 읽어 봅시다. 🎧 091-092

091

니³ 쭈어⁴ 션²머⁰ 꿍¹쭈어⁴

你 做 什么 工作?
Nǐ zuò shénme gōngzuò?

↪ 당신의 직업은 무엇입니까?
What do you do for a living?

092

워³ 싀⁴ 꿍¹쓰¹ 즈²위엔²

我 是 公司 职员*。
Wǒ shì gōngsī zhíyuán.

↪ 나는 회사원입니다.
I work for a company.

Tip
· 我做生意。
  Wǒ zuò shēngyi.
  저는 사업을 합니다.

| Words | 🎧 091-092w |

· 工作 gōngzuò 일, 직업, 일하다 · 公司 gōngsī 회사 · 职员 zhíyuán 직원, 사무원

★老师 lǎoshī 선생님 ★设计师 shèjìshī 디자이너 ★医生 yīshēng 의사

Expression 093-096

▶ 큰 소리로 따라 읽어 봅시다. 🎧 093-094

093

쉐²씨아오⁴ 리² 니³지아¹ 위엔³ 마⁰

学校* 离 你家 远 吗?
Xuéxiào lí nǐ jiā yuǎn ma?

❷ 학교는 당신 집에서 멉니까?
Is the school far from your house?

094

뿌⁴ 위엔³, 헌³ 찐⁴

不远，很近。
Bù yuǎn, hěn jìn.

❷ 멀지 않습니다. 가깝습니다.
No, It's not. It's close by.

🎧 093-094w
Words

· 离 lí ~로부터 · 远 yuǎn 멀다 · 近 jìn 가깝다

★机场 jīchǎng 공항 ★火车站 huǒchēzhàn 기차역 ★酒店 jiǔdiàn 호텔

▶ 큰 소리로 따라 읽어 봅시다. 🎧095-096

 095

베이³징¹ 리² 쩔⁴ 위엔³ 마⁰

北京* 离 这儿 远 吗?
Běijīng lí zhèr yuǎn ma?

● 베이징은 여기에서 멉니까?
Is Beijing far from here?

 096

부² 타이⁴ 위엔³. 쭈어⁴ 페이¹지¹ 량³ 거⁰ 시아오³싀²

不 太 远。 坐 飞机 两 个 小时。
Bú tài yuǎn. Zuò fēijī liǎng ge xiǎoshí.

● 그다지 멀지 않습니다. 비행기로 두 시간 걸립니다.
It's not that far. It takes 2 hours by airplane.

| Words | 🎧095-096w

· 北京 Běijīng 베이징, 북경 · 这儿 zhèr 여기 · 坐 zuò 타다, 앉다 · 飞机 fēijī 비행기 · 小时 xiǎoshí 시간(시간을 세는 단위)

★上海 Shànghǎi 상하이, 상해 ★青岛 Qīngdǎo 칭다오, 청도

▶ 큰 소리로 따라 읽어 봅시다. 🎧 097-098

097

띠⁴ 티에³ 짠⁴   리²   쩔⁴   위엔³ 마⁰

地铁站 离 这儿 远 吗?
Dìtiězhàn lí zhèr yuǎn ma?

→ 지하철역은 여기에서 멉니까?
Is the subway station far from here?

098

뿌⁴,   조우³ 루⁴   우³ 펀¹쭝¹

不，走路* 五分钟。
Bù,   zǒulù   wǔ fēnzhōng.

→ 아니요. 걸어서 5분이면 도착합니다.
No, It's only a 5-minute walk from here.

🎧 097-098w

| Words |

· 地铁站 dìtiězhàn 지하철역 · 走路 zǒulù 길을 걷다 · 分钟 fēnzhōng 분(시간을 세는 단위)

★ 坐出租车 zuò chūzūchē 택시를 타다 ★ 坐公交车 zuò gōngjiāochē 버스를 타다

▶ 큰 소리로 따라 읽어 봅시다. 🎧 099-100

099

인²항² 짜이⁴ 날³

银行 在 哪儿?
Yínháng zài nǎr?

➡ 은행은 어디에 있습니까?
Where is the bank?

100

인²항² 짜이⁴ 투²슈¹관³ 팡²비엔¹

银行 在 图书馆 旁边*。
Yínháng zài túshūguǎn pángbiān.

➡ 은행은 도서관 옆에 있습니다.
It's next to the library.

| Words | 🎧 099-100w |

· 银行 yínháng 은행 · 图书馆 túshūguǎn 도서관 · 旁边 pángbiān 옆

★ 右边 yòubian 오른쪽 ★ 左边 zuǒbian 왼쪽 ★ 后边 hòubian 뒤쪽

1. 녹음을 듣고 단어의 빈칸을 채워 봅시다. 🎧 R05-1

① 菜　cài

② 要 〜하려고 하다

③ 附近　fùjìn

④ shāngdiàn　상점

⑤ 工作

⑥ yuǎn

2. 녹음을 듣고 문장의 빈칸을 채워 봅시다. 🎧 R05-2

① 很好吃。

Zhōngguócài hěn .

중국 음식은 맛있습니다.

② 这个周末我 。

wǒ dǎgōng.

이번 주말에 아르바이트를 합니다.

③ 我要买 。

Wǒ shuǐguǒ.

과일을 사려고 합니다.

④ ?

Fùjìn ma?

근처에 상점이 있습니까?

3. 해석과 단어를 참고하여 중국어 문장을 완성해 봅시다.

① 당신은 무슨 과일을 사려고 합니까?

② 당신의 직업은 무엇입니까?

③ 학교는 당신 집에서 멉니까?

④ 그다지 멀지 않습니다. 비행기로 두 시간 걸립니다.

⑤ 아니요. 걸어서 5분이면 도착합니다.

⑥ 은행은 도서관 옆에 있습니다.

> **Hint**
> · 做 zuò 하다 · 离 lí ~로부터 · 坐 zuò 타다, 앉다 · 小时 xiǎoshí 시간(시간을 세는 단위) · 走
> 路 zǒulù 길을 걷다 · 旁边 pángbiān 옆

니³먼⁰ 하오³, 런⁴싀⁰ 니³먼⁰ 헌³ 까오¹씽⁴

你们好，认识你们很高兴。

Nǐmen hǎo, rènshi nǐmen hěn gāoxìng.

안녕하세요. 여러분을 알게 되어 기쁩니다.

워³ 찌아오⁴ _____, 찐¹니엔² _____ 쑤에이⁴, 싀⁴ 한²구어²런²

我叫 _____, 今年 _____ 岁，是韩国人。

Wǒ jiào _____, jīnnián _____ suì, shì Hánguórén.

저의 이름은 _____ 이며, 올해 _____ 살이고 한국 사람입니다.

워³ 찐¹니엔² 샹⁴ 따⁴쉐² 이¹ 니엔²지²,

我今年上大学 一年级，

Wǒ jīnnián shàng dàxué yī niánjí,

올해 저는 대학 1학년이 되었으며,

쭈안¹이에⁴ 싀⁴ _____

专业是 _____。

zhuānyè shì _____.

전공은 _____ 입니다.

쪼우¹모⁴ 워³ 시³환⁰ 칸⁴ 슈¹, 팅¹ 인¹위에⁴, 껀¹ 펑²요우⁰먼⁰ 이⁴치³ 칸⁴ 띠엔⁴잉³

周末我喜欢看书、听音乐、跟朋友们一起看电影。

Zhōumò wǒ xǐhuan kàn shū、tīng yīnyuè、gēn péngyoumen yìqǐ kàn diànyǐng.

주말에는 독서와 음악 듣기, 친구들과 함께 영화 보는 것을 좋아합니다.

씨에⁴씨에⁰ 따⁴지아¹

谢谢大家。

Xièxie dàjiā.

여러분 감사합니다.

PART 06

Expression 101~120

🔍 단어 미리보기

- ☑ 手机 shǒujī 휴대전화
- ☐ 号码 hàomǎ 번호
- ☐ 喂 wéi 여보세요
- ☐ 请 qǐng ~해 주세요(상대방에게 어떤 일을 부탁할 때 공손하게 쓰이는 말)
- ☐ 暑假 shǔjià 여름 방학
- ☐ 去旅行 qù lǚxíng 여행을 가다
- ☐ 什么时候 shénme shíhou 언제
- ☐ 多少钱 duōshao qián 얼마예요
- ☐ 人民币 rénmínbì 인민폐(중국의 법정 화폐)
- ☐ 贵 guì 비싸다
- ☐ 便宜 piányi 싸다
- ☐ (一)点儿 (yì)diǎnr 약간, 조금
- ☐ 放假 fàngjià 방학하다
- ☐ 下个月 xià ge yuè 다음 달
- ☐ 时间 shíjiān 시간
- ☐ 那 nà 그, 저
- ☐ 知道 zhīdào 알다
- ☐ 她 tā 그녀, 그 여자
- ☐ 谁 shéi, shuí 누구
- ☐ 女朋友 nǚ péngyou 여자친구

▶ 큰 소리로 따라 읽어 봅시다. 🎧 101-102

101

니³ 더⁰ 쇼우³지¹ 하오⁴마³ 싀⁴ 뚜어¹샤오⁰

你 的 手机 号码 是 多少？
Nǐ de shǒujī hàomǎ shì duōshao?

⊘ 당신의 휴대전화 번호는 몇 번입니까?
What is your phone number?

102

워³ 더⁰ 쇼우³지¹ 하오³마³ 싀⁴

我 的 手机 号码 是
Wǒ de shǒujī hàomǎ shì

링² 야오¹링² 얼⁴ 싼¹ 쓰⁴ 우³ 리우⁴치¹ 빠¹ 지우³

零一零二三四五六七八九。
líng yāo líng èr sān sì wǔ liù qī bā jiǔ.

⊘ 제 휴대전화 번호는 010-2345-6789입니다.
My phone number is 010-2345-6789.

Tip
숫자 1이 전화번호, 방번호에 쓰일 때는 숫자7과의 혼동을 막기 위해 yāo(幺)로 읽습니다. 幺는 '막내'라는 뜻으로 1을 幺로 읽어 숫자 중 막내라는 의미도 나타냅니다.

🎧 101-102w

> **Words**

·手机 shǒujī 휴대전화 ·号码 hàomǎ 번호 ·多少 duōshao 얼마, 몇 ·零 líng 영 ·一 yī 하나 ·二 èr 둘 ·三 sān 셋 ·四 sì 넷 ·五 wǔ 다섯 ·六 liù 여섯 ·七 qī 일곱 ·八 bā 여덟 ·九 jiǔ 아홉

▶ 큰 소리로 따라 읽어 봅시다. 🎧 103-104

103

웨이², 찐¹ 라오³스¹ 짜이⁴ 마⁰

喂，金老师 在 吗？
Wéi, Jīn lǎoshī zài ma?

➡ 여보세요, 김 선생님 계십니까?
Hello, can I talk to Mr. Kim?

104

타¹ 짜이⁴, 칭³ 덩³ 이²씨아⁴

他 在，请 等 一下。
Tā zài, qǐng děng yíxià.

➡ 계십니다. 잠시만요.
Yes, he is. Wait a moment please.

🎧 103-104w

| Words |

· 喂 wéi 여보세요 · 在 zài 존재하다, 있다 · 请 qǐng ~해 주세요(상대방에게 어떤 일을 부탁할 때 공손하게 쓰이는 말)

▶ 큰 소리로 따라 읽어 봅시다. 🎧 105-106

Tip
· 寒假 hánjià 겨울 방학

105

슈³찌아⁴ 니³ 야오⁴ 쭈어⁴ 션²머⁰

暑假 你 要 做 什么?
Shǔjià nǐ yào zuò shénme?

➲ 여름 방학 때 무엇을 하려고 합니까?
What are you going to do during the summer vacation?

106

슈³찌아⁴ 워³ 야오⁴ 취⁴ 뤼³씽²

暑假 我 要 去 旅行*。
Shǔjià wǒ yào qù lǚxíng.

➲ 여름 방학 때 저는 여행을 가려고 합니다.
I'm going to travel during the summer vacation.

🎧 105-106w

| Words |

· 暑假 shǔjià 여름 방학 · 要 yào ~하려고 하다 · 去旅行 qù lǚxíng 여행을 가다

★ 打工 dǎgōng 아르바이트하다 ★ 学英语 xué Yīngyǔ 영어를 배우다

▶ 큰 소리로 따라 읽어 봅시다. 🎧107-108

워³먼⁰ 션²머⁰ 싀²호우⁰ 찌엔⁴

107

我们 什么时候* 见?
Wǒmen shénme shíhou jiàn?

➔ 우리 언제 만날까요?
When shall we meet?

씽¹치¹ 리우⁴ 완³샹⁰ 치¹ 디엔³ 찌엔⁴

108

星期六 晚上 七点 见。
Xīngqīliù wǎnshang qī diǎn jiàn.

➔ 토요일 저녁 7시에 만납시다.
Let's meet at 7 p.m. on Saturday.

🎧107-108w

| Words |

· 什么时候 shénme shíhou 언제

*几点 jǐ diǎn 몇 시

▶ 큰 소리로 따라 읽어 봅시다. 🎧 109-110

109

핑²구어³ 이⁴ 찐¹ 뚜어¹샤오⁰ 치엔²

苹果 一斤 多少 钱?
Píngguǒ yì jīn duōshao qián?

➡ 사과 한 근에 얼마입니까?
How much are 500 grams of apples?

110

핑²구어³ 이⁴ 찐¹ 런²민²삐⁴ 얼⁴시² 위엔²

苹果 一斤 人民币 二十元。
Píngguǒ yì jīn rénmínbì èrshí yuán.

➡ 사과 한 근에 인민폐 20위안입니다.
It's RMB 20 yuan.

Tip
元과 块 kuài 모두 인민폐 단위입니다. 회화에서는 块를 더 많이 쓰고, 서면어에서는 보통 元을 씁니다.

🎧 109-110w

| Words |

· 苹果 píngguǒ 사과 · 斤 jīn 근(무게 단위, 약 500그램) · 多少钱 duōshao qián 얼마예요 · 钱 qián 돈
· 人民币 rénmínbì 인민폐(중국의 법정 화폐) · 元 yuán 위안(인민폐 단위)

▶ 큰 소리로 따라 읽어 봅시다. 🎧 111-112

Tip
· 千 qiān 천
· 万 wàn 만

111

쩌⁴거⁰   싼¹바이³ 콰이⁴

这个 三百 块。
Zhège   sānbǎi   kuài.

➡ 이것은 300위안입니다.
This is 300 yuan.

112

타이⁴ 꾸에이⁴ 러⁰,   피엔²이⁰ 디얼³   바⁰

太 贵 了，便宜 点儿 吧。
Tài   guì   le,   piányi   diǎnr   ba.

➡ 너무 비쌉니다. 좀 깎아 주세요.
It's too expensive. Could you give me a discount?

Tip
'太+형용사+了'는 형용사의 상태가 너무 심함을 나타내는 관용구입니다.
· 太忙了。 Tài máng le.
너무 바쁘다.
· 太累了。 Tài lèi le.
너무 피곤하다.
· 太早了。 Tài zǎo le.
너무 이르다.

🎧 111-112w

| Words |

· 这个 zhège 이것 · 百 bǎi 백 · 块 kuài 위안(인민폐 단위) · 太 tài 너무 · 太…了 tài…le 너무 ~하다
· 贵 guì 비싸다 · 便宜 piányi 싸다 · (一)点儿 (yì)diǎnr 약간, 조금 · 吧 ba 문장 끝에 쓰여 상의·제의·청유 등의 어기를 나타냄

▶ 큰 소리로 따라 읽어 봅시다. 🎧 113-114

113

니³ 션²머⁰ 싀²호우⁰ 팡⁴찌아⁴

你 什么时候 放假*?

Nǐ shénme shíhou fàngjià?

➔ 당신은 언제 방학합니까?
When does your vacation start?

114

씨아⁴ 거⁰ 위에⁴ 팡⁴찌아⁴

下个月 放假*。

Xià ge yuè fàngjià.

➔ 다음 달에 방학합니다.
It starts next month.

Tip

· 上个月
shàng ge yuè 지난달

🎧 113-114w

Words

· 放假 fàngjià 방학하다 · 下个月 xià ge yuè 다음 달

★毕业 bìyè 졸업하다 ★结婚 jiéhūn 결혼하다 ★出国 chūguó 출국하다 ★留学 liúxué 유학하다

96

▶ 큰 소리로 따라 읽어 봅시다. 🎧 115-116

니³ 션²머⁰ 쓰²호우⁰ 요우³ 쓰²지엔¹

你 什么 时候 有 时间?
Nǐ shénme shíhou yǒu shíjiān?

➲ 당신은 언제 시간이 있습니까?
When are you available?

쩌⁴거⁰   씽¹치¹리우⁴   요우³ 쓰²지엔¹

这个 星期六 有 时间。
Zhège xīngqīliù yǒu shíjiān.

➲ 이번 주 토요일에 시간이 됩니다.
This Saturday is fine.

Tip
· 上个星期
  shàng ge xīngqī 지난주
· 这个星期
  zhè ge xīngqī 이번 주
· 下个星期
  xià ge xīngqī 다음 주

🎧 115-116w

| Words |

· 时间 shíjiān 시간

▶ 큰 소리로 따라 읽어 봅시다. 🎧 117-118

Tip
· 哪 nǎ 어느
· 哪儿 nǎr 어디
· 这儿 zhèr 여기
· 那儿 nàr 저기, 거기

117
나⁴ 싀⁴ 션²머⁰

那* 是 什么？
Nà shì shénme?

➲ 저것은 무엇입니까?
What is it?

118
뚜에이⁴부⁰치³, 워³ 뿌⁴ 즈¹따오⁴

对不起， 我 不 知道 。
Duìbuqǐ, wǒ bù zhīdào.

➲ 미안합니다. 모르겠습니다.
I am sorry, I don't know.

🎧 117-118w

Words

· 那 nà 그, 저 · 知道 zhīdào 알다

* 这 zhè 이

▶ 큰 소리로 따라 읽어 봅시다. 🎧 119-120

119

타¹ 스⁴ 셰이²

她 是 谁?

Tā shì shéi?

➲ 그녀는 누구입니까?
Who is she?

120

타¹ 스⁴ 워³ 더⁰ 뉘³ 펑²요우⁰

她 是 我 的 女朋友*。

Tā shì wǒ de nǚ péngyou.

➲ 그녀는 나의 여자친구입니다.
She is my girlfriend.

🎧 119-120w

| Words |

• 她 tā 그녀, 그 여자 • 谁 shéi, shuí 누구 • 女朋友 nǚ péngyou 여자친구

★ 同学 tóngxué 학우 ★ 同事 tóngshì 직장 동료 • 老师 lǎoshī 선생님

1. 녹음을 듣고 단어의 빈칸을 채워 봅시다. 🎧 R06-1

① [_____] shǒujī 휴대전화   ② 号码 hàomǎ [_____]

③ 暑假 [_____] 여름 방학   ④ [_____] shénme shíhou 언제

⑤ [_____] duōshao qián [_____]   ⑥ 贵 [_____] [_____]

2. 녹음을 듣고 문장의 빈칸을 채워 봅시다. 🎧 R06-2

① 你的手机号码是 [_____]？

  [_____] shǒujī hàomǎ shì duōshao?

  당신의 휴대전화 번호는 몇 번입니까?

② [_____]，金老师在吗？

  Wéi, Jīn lǎoshī [_____]？

  여보세요, 김 선생님 계십니까?

③ 暑假我要 [_____]。

  Shǔjià [_____] qù lǚxíng.

  여름 방학 때 저는 여행을 가려고 합니다.

④ [_____]？

  [_____] yì jīn [_____]？

  사과 한 근에 얼마입니까?

100

3. 해석과 단어를 참고하여 중국어 문장을 완성해 봅시다.

① 사과 한 근에 인민폐 20위안입니다.

② 너무 비쌉니다. 좀 깎아 주세요.

③ 당신은 언제 방학합니까?

④ 이번 주 토요일에 시간이 됩니다.

⑤ 저것은 무엇입니까?

⑥ 그녀는 누구입니까?

— Hint
苹果 píngguǒ 사과 · 贵 guì 비싸다 · 便宜 piányi 싸다 · 放假 fàngjià 방학하다 · 星期六 xīngqīliù 토요일 · 那 nà 그, 저 · 谁 shéi, shuí 누구

문화 5 – 중국 젊은이들이 즐겨 쓰는 유행어 2

- 알잖아~ 니둥더~
- 돈이 최고지!
- 넌 양심에 찔리지 않니?

你懂的 [nǐ dǒng de] 너 알잖아

직역하면 '너 알잖아'란 뜻이다. 영어 'you know'에서 유래된 표현으로 말을 하지 않아도 마음속에 뻔한 것을 구태여 말할 필요가 없다는 뜻이다. 두 가지 상황에서 주로 많이 쓰이는데, 하나는 대부분의 사람들이 알고 있기 때문에 말하는 사람이 굳이 말할 필요가 없다는 것이며, 다른 하나는 민감한 주제와 관련되어 있기 때문에 말하는 사람이 자신의 입장을 말하기 꺼려하거나 말할 수 없다는 상황에서 쓰인다.

有钱，任性 [yǒu qián, rènxìng] 돈 있으면 다 용서돼

직역하면 '돈이 있으면 뭐든지 마음대로 할 수 있다'는 뜻이다. 돈으로 세상에서 모든 것을 해결하는 부자 세태를 풍자하는 뜻으로 쓰인다. 한국어로 '가진 건 돈뿐!'이라는 허세가 가득한 의미로 해석할 수도 있고, '돈이면 다 용서돼!', '돈이 최고지!'라는 뜻으로 풍자의 의미로도 쓰인다. '成绩好就是任性 chéngjì hǎo jiùshì rènxìng (성적만 좋으면 다 통해)', '年轻就是任性 niánqīng jiùshì rènxìng (젊으니까 다 통해)'과 같은 표현으로 활용하기도 한다.

你的良心不会痛吗? [nǐ de liángxīn bú huì tòng ma?] 양심에 찔리지 않니?

직역하면 '너의 양심에 찔리지 않니?'란 뜻이다. 인터넷에서 의견 충돌로 서로에게 상처를 줄 경우, 상대방에게 반박할 때 사용하는 신조어이다. 일본 통신사 광고에서 나온 앵무새 이모티콘에 이 표현을 붙이면서 유행하기 시작했다.

PART 07

▶ Expression 121~140 ◀

🔍 **단어 미리보기**

- ☑ 吃饱了 chībǎo le 맛있게 먹었다, 배부르게 먹었다
- ☐ 听懂了 tīngdǒng le 이해했다, 알아들었다
- ☐ 听不懂 tīngbudǒng 알아듣지 못하다
- ☐ 说 shuō 말하다
- ☐ 这里 zhèli 여기
- ☐ 可以 kěyǐ 가능하다, ~해도 된다
- ☐ 上网 shàngwǎng 인터넷을 하다
- ☐ 密码 mìmǎ 비밀번호
- ☐ 附近 fùjìn 근처
- ☐ 有名 yǒumíng 유명하다
- ☐ 餐厅 cāntīng 식당, 레스토랑
- ☐ 火锅 huǒguō 훠궈(중국식 샤브샤브)
- ☐ 服务员 fúwùyuán 종업원
- ☐ 菜单 càidān 메뉴
- ☐ 马上 mǎshàng 금방, 곧 바로
- ☐ 特色菜 tèsècài 특색 요리
- ☐ 用 yòng 사용하다
- ☐ 果汁 guǒzhī 주스
- ☐ 咖啡 kāfēi 커피
- ☐ 点菜 diǎn cài 주문하다

▶ 큰 소리로 따라 읽어 봅시다. 🎧121-122

121

닌² 츠¹바오³ 러⁰ 마⁰

您 吃 饱 了 吗?
Nín chībǎo le ma?

➲ 맛있게 드셨습니까?
Did you enjoy your meal?

122

츠¹바오³ 러⁰, 씨에⁴씨에⁰

吃 饱 了，谢 谢。
Chībǎo le, xièxie.

➲ 맛있게 먹었습니다. 감사합니다.
Yes, I did. Thank you for the meal.

🎧121-122w

Words

· **您** nín 당신(你의 존칭) · **吃饱了** chībǎo le 맛있게 먹었다, 배부르게 먹었다 · **饱** bǎo 배부르다

▶ 큰 소리로 따라 읽어 봅시다. 🎧 123-124

니³먼⁰ 팅¹동³ 러⁰ 마⁰

你们 听懂 了 吗?
Nǐmen tīngdǒng le ma?

❷ 여러분 이해하셨어요?
Do you understand me?

뚜에이⁴부⁰치³, 팅¹부⁰동³, 칭³ 짜이⁴ 슈어¹ 이² 츠⁴

对不起, 听不懂, 请再说 一次。
Duìbuqǐ, tīngbudǒng, qǐng zài shuō yí cì.

❷ 미안합니다. 못 알아들었습니다. 다시 한 번 말씀해 주세요.
I'm sorry, but I couldn't. Could you say it again?

🎧 123-124w

| Words |

· 你们 nǐmen 너희들 · 听懂了 tīngdǒng le 이해했다, 알아들었다 · 对不起 duìbuqǐ 미안하다, 죄송하다
· 听不懂 tīngbudǒng 알아듣지 못하다 · 再 zài 다시 · 说 shuō 말하다 · 一次 yí cì 한 번

▶ 큰 소리로 따라 읽어 봅시다. 🎧 125-126

125

쩌⁴리⁰ 커³이³ 샹⁴왕³ 마⁰

这里 可以 上网 吗?
Zhèli kěyǐ shàngwǎng ma?

➡ 여기에서 인터넷을 할 수 있습니까?
Can I get internet access here?

126

커³이³, 와이파이 미⁴마³ 시⁴ 얼⁴ 싼¹ 쓰⁴ 우³

可以, WiFi 密码 是 二三四五。
Kěyǐ, wifi mìmǎ shì èr sān sì wǔ.

➡ 가능합니다, WiFi 비밀번호는 2345입니다.
Yes, you can. The PIN for WiFi connection is 2345.

🎧 125-126w

| Words |

・这里 zhèli 여기 ・可以 kěyǐ 가능하다, ~해도 된다 ・上网 shàngwǎng 인터넷을 하다 ・密码 mìmǎ 비밀번호

▶ 큰 소리로 따라 읽어 봅시다. 🎧 127-128

127

쩌⁴ 푸⁴찐⁴　요우³ 요우³밍² 더⁰ 징³디엔³ 마⁰

这 附近 有 有名 的 景点 吗?
Zhè fùjìn　yǒu yǒumíng de jǐngdiǎn ma?

⟲ 이 근처에 유명한 경관이 있습니까?
Are there any famous tourist attractions nearby?

128

요우³,　꾸⁴궁¹ 허²　이²허²위엔²　또우¹ 헌³ 피아오⁴량⁰

有, 故宫 和 颐和园 都 很 漂亮。
Yǒu,　Gùgōng hé Yíhéyuán　dōu hěn piàoliang.

⟲ 있습니다. 고궁과 이화원 모두 아름답습니다.
Yes, there are. Both Forbidden City and the Summer Palace are beautiful.

| Words | 🎧 127-128w |

· 附近 fùjìn 근처 · 有 yǒu 있다 · 有名 yǒumíng 유명하다 · 景点 jǐngdiǎn 관광 명소 · 故宫 Gùgōng 고궁, 자금성 · 颐和园 Yíhéyuán 이화원 · 漂亮 piàoliang 아름답다, 예쁘다

▶ 큰 소리로 따라 읽어 봅시다. 🎧 129-130

 129

쩌⁴　푸⁴찐⁴　요우³ 하오³츨¹ 더⁰　찬¹팅¹　마⁰

这 附近 有 好吃 的 餐厅 吗?

Zhè fùjìn　yǒu hǎochī de cāntīng ma?

↪ 이 근처에 맛있는 식당이 있습니까?

Are there any famous restaurant nearby?

 130

요우³,　치엔²미엔⁴ 요우³　후어³구어¹띠엔⁴

有, 前面 有 火锅店。

Yǒu,　qiánmiàn yǒu　huǒguōdiàn.

↪ 있습니다. 앞에 중국식 샤브샤브 식당이 있습니다.

Yes. There is a Hot Pot restaurant over there.

🎧 129-130w

Words

· 餐厅 cāntīng 식당, 레스토랑 · 前面 qiánmiàn 앞 · 火锅 huǒguō 훠구어(중국식 샤브샤브) · 店 diàn 가게

108

131

푸²우⁴위엔², 게이³ 워³ 차이⁴딴¹ 하오³ 마⁰

服务员， 给 我 菜单 好 吗?

Fúwùyuán, gěi wǒ càidān hǎo ma?

➥ 여기요(종업원을 부름), 메뉴 좀 주시겠어요?
Excuse me, Can I have the menu?

132

하오³더⁰, 마³상⁴ 게이³ 닌²

好的， 马上 给 您。

Hǎo de, mǎshàng gěi nín.

➥ 알겠습니다. 금방 가져다 드릴게요.
Sure. I'll get it to you soon.

| Words | 🎧131-132w |

· 服务员 fúwùyuán 종업원 · 给 gěi 주다, (~에게) ~을 주다 · 菜单 càidān 메뉴 · 马上 mǎshàng 금방, 곧 바로

▶ 큰 소리로 따라 읽어 봅시다.   🎧 133-134

133

니³면⁰   찬¹팅¹   더⁰   터⁴써⁴차이⁴   싀⁴   션²머⁰

你们 餐厅 的 特色菜 是 什么?

Nǐmen cāntīng de tèsècài   shì shénme?

➲ 이 식당의 특색 요리는 무엇입니까?

What is the specialty of this restaurant?

134

워³면⁰   더⁰   터⁴써⁴차이⁴   싀⁴   베이³징¹카오³야¹

我们 的 特色菜 是 北京烤鸭*。

Wǒmen de tèsècài   shì Běijīngkǎoyā.

➲ 우리의 특색 요리는 북경 오리구이입니다.

Our specialty is Beijing roast duck.

🎧 133-134w

Words

・特色菜 tèsècài 특색 요리　・烤鸭 kǎoyā 오리구이

★蛋炒饭 dàn chǎofàn 달걀볶음밥　★炒面 chǎomiàn 볶음면　★东坡肉 dōngpōròu 동파육

▶ 큰 소리로 따라 읽어 봅시다. 🎧 135-136

135

쩌⁴거   용⁴   한⁴위³   전³머⁰   슈어¹
这个 用 汉语 怎么 说?
Zhège yòng Hànyǔ zěnme shuō?

➡ 이것을 중국어로 어떻게 말합니까?
How do I say this in Chinese?

Tip
怎么는 동사 앞에 쓰여 동사의 방법을 물어봅니다.
· 怎么走?
  Zěnme zǒu?
  어떻게 갑니까?

· 这个菜怎么吃?
  Zhège cài zěnme chī?
  이 요리는 어떻게 먹나요?

136

한⁴위³   찌아오⁴   구어³즈¹
汉语 叫 果汁*。
Hànyǔ jiào guǒzhī.

➡ 중국어로 '구어즈'라고 합니다.
This is 'guozhi' in Chinese.

· 这个 zhège 이것 · 用 yòng 사용하다 · 汉语 Hànyǔ 중국어 · 怎么 zěnme 어떻게(방법을 물어봄)
· 说 shuō 말하다 · 叫 jiào (이름을) ～라고 하다, 부르다 · 果汁 guǒzhī 주스

★ 手机 shǒujī 휴대전화

▶ 큰 소리로 따라 읽어 봅시다. 🎧 137-138

Tip
咖啡 kāfēi는 영어인
'coffee'를 음역(音譯)한
단어입니다.

137

니³ 야오⁴ 허¹ 카¹페이¹ 하이²스이⁰ 차²

你 要 喝 咖啡★ 还是 茶★?

Nǐ yào hē kāfēi háishi chá?

➲ 커피를 마시겠습니까? 아니면 차를 마시겠습니까?

What would you like to drink, coffee or tea?

138

워³ 야오⁴ 허¹ 카¹페이¹

我 要 喝 咖啡★。

Wǒ yào hē kāfēi.

➲ 저는 커피를 마시겠습니다.

I would like to drink coffee.

🎧 137-138w

Words

· 要 yào ~하려고 하다, 요구하다 · 喝 hē 마시다 · 咖啡 kāfēi 커피 · 还是 háishi ~아니면, 역시 · 茶 chá 차

★可乐 kělè 콜라 ★果汁 guǒzhī 주스

▶ 큰 소리로 따라 읽어 봅시다. 🎧 139-140

139

푸²우⁴위엔², 워³ 야오⁴ 디엔³ 차이⁴

服务员，我要点菜。
Fúwùyuán, wǒ yào diǎn cài.

➡ 여기요(종업원을 부름), 주문하겠습니다.
Excuse me, I'm ready to order.

140

하오³, 니³ 야오⁴ 디엔³ 션²머⁰ 차이⁴

好，你要点 什么菜?
Hǎo, nǐ yào diǎn shénme cài?

➡ 네, 어떤 요리를 주문하시겠습니까?
Okay, what would you like to order?

Words 🎧 139-140w

· 点菜 diǎn cài 주문하다

1. 녹음을 듣고 단어의 빈칸을 채워 봅시다. 🎧 R07-1

① 饱　bǎo　[　　　]

② [　　　]　tīngbudǒng　알아듣지 못하다

③ 可以　[　　　]　가능하다, ~해도 된다

④ 有名　yǒumíng　[　　　]

⑤ 餐厅　[　　　]　[　　　]

⑥ [　　　]　mǎshàng　[　　　]

2. 녹음을 듣고 문장의 빈칸을 채워 봅시다. 🎧 R07-2

① 您 [　　　] 吗?

　　Nín chībǎo le ma?

　　맛있게 드셨습니까?

② [　　　], 听不懂, 请 [　　　] 一次。

　　Duìbuqǐ, [　　　], qǐng zài shuō [　　　].

　　미안합니다. 못 알아들었습니다. 다시 한 번 말씀해 주세요.

③ [　　　] 可以 [　　　] 吗?

　　Zhèli [　　　] shàngwǎng ma?

　　여기에서 인터넷을 할 수 있습니까?

④ [　　　]?

　　[　　　] yǒu yǒumíng de jǐngdiǎn ma?

　　이 근처에 유명한 경관이 있습니까?

3. 해석과 단어를 참고하여 중국어 문장을 완성해 봅시다.

① 여기요(종업원을 부름), 메뉴 좀 주시겠어요?

② 이 식당의 특색 요리는 무엇입니까?

③ 이것을 중국어로 어떻게 말합니까?

④ 저는 커피를 마시겠습니다.

⑤ 여기요(종업원을 부름), 주문하겠습니다.

⑥ 네, 어떤 요리를 주문하시겠습니까?

--- Hint
服务员 fúwùyuán 종업원 · 菜单 càidān 메뉴 · 特色菜 tèsècài 특색 요리 · 用 yòng 사
용하다 · 咖啡 kāfēi 커피 · 点菜 diǎn cài 주문하다

문화 6 – 인터넷 세계의 왕 – '网红(왕홍)'

- TV 연예인보다 유명한 왕홍!
- 요우쿠(优酷 yōukù), 텅쉰(腾讯 téngxùn) 등 자국 동영상 사이트에
  올린 영상으로 일약 스타로!

'왕홍'이란, 현실 세계 또는 인터넷에서 어떤 특별한 사건 또는 행위로 인하여 폭발적인 네티즌의 관심을 받아 유명해진 사람을 말한다. 최근 인터넷을 이용

한 각종 라이브 방송 매체가 끊임없이 출현함에 따라 일반인들도 개인 라이브 방송 매체를 통해 자신의 재능을 선보일 수 있게 되었고, 단번에 많은 팬들의 환심을 얻어 '왕홍'으로 등극한 사례가 적지 않다. 또한 팬들은 왕홍에 대한 자신의 호감을 표현하기 위하여 자주 선물을 보내기 때문에 일단 왕홍으로 등극하기만 하면 단숨에 많은 돈을 버는 것도 시간 문제이고 네티즌에게 미치는 영향력도 지대하다. 2018년 현재 중국에서 가장 인기 있는 왕홍은 파피장과 장따이 등을 꼽을 수 있다.

파피장(papi 酱 papi jiàng)

재능과 미모를 겸비한 파피장은 직접 녹음 제작한 동영상이 네티즌의 공감을 얻게 되어 왕홍의 길을 걷게 되었다. 파피장의 수입은 정확히 나와 있지 않지만, 2016년 그녀의 방송에 광고를 싣는 경매가 2200만 위안에 낙찰되었을 정도라고 하니 그 인기가 어느 정도인지 예측할 수 있다. 2017년 파피장은 안젤라베이비(Angelababy) 등 연예인들이 속해 있는 연예기획사와 정식으로 계약하여 활동하고 있다.

장따이(张大奕 Zhāng Dàyì)

전자상거래를 통해 왕홍으로 등극하였다. 장따이가 경영하는 여성의류 인터넷 매장이 2016년 광군절(光棍节 guānggùnjié 빼빼로 데이)에 타오바오(淘宝 táobǎo)에서 올린 매출액이 일억 위안을 돌파하였는데 여성의류 업계에서는 최초라고 한다.

PART 08

▶ Expression 141~160 ◀

🔍 단어 미리보기

- ☑ 买单 mǎidān 계산하다
- ☐ 多少钱 duōshao qián 얼마예요
- ☐ 会 huì (배워서) ~할 줄 알다, ~를 할 수 있다
- ☐ 一点儿 yìdiǎnr 조금
- ☐ 汉语 Hànyǔ 중국어
- ☐ 中午 zhōngwǔ 낮
- ☐ 开会 kāihuì 회의하다
- ☐ 能 néng ~할 수 있다, 가능하다
- ☐ 参加 cānjiā 참석하다, 참가하다
- ☐ 考试 kǎoshì 시험 보다, 시험
- ☐ 里 li 안, 속
- ☐ 抽烟 chōuyān 담배를 피우다
- ☐ 当然 dāngrán 당연히
- ☐ 医院 yīyuàn 병원
- ☐ 往前 wǎng qián 앞(쪽)으로
- ☐ 走 zǒu 가다, 걷다
- ☐ 舒服 shūfu 편안하다
- ☐ 头疼 tóuténg 머리가 아프다
- ☐ 颜色 yánsè 색깔
- ☐ 蓝色 lánsè 파란색
- ☐ 衣服 yīfu 옷

▶ 큰 소리로 따라 읽어 봅시다. 🎧141-142

141

푸²우⁴위엔²,   워³   야오⁴ 마이³딴¹   뚜어¹샤오⁰ 치엔²

服务员，我 要 买单。多少 钱?

Fúwùyuán,   wǒ yào mǎidān.   Duōshao qián?

🔵 여기요(점원을 부름), 계산하겠습니다. 얼마입니까?
Excuse me, I'd like to pay the bill. How much is it?

142

이²꽁⁴   쓰⁴바이³ 우³ 싀² 콰이⁴

一共 四百五十块。

Yígòng   sìbǎi   wǔshí   kuài.

🔵 모두 450위안입니다.
It's 450 yuan.

🎧141-142w

Words

· 买单 mǎidān 계산하다 · 多少钱 duōshao qián 얼마예요 · 一共 yígòng 모두, 합계

▶ 큰 소리로 따라 읽어 봅시다. 🎧 143-144

143

니³ 후에이⁴ 슈어¹ 한⁴위³ 마⁰

你 会 说 汉语* 吗?
Nǐ huì shuō Hànyǔ ma?

❷ 중국어를 할 줄 압니까?
Can you speak Chinese?

144

워³ 후에이⁴ 슈어¹ 이⁴디얼³

我 会 说* 一点儿。
Wǒ huì shuō yìdiǎnr.

❷ 조금 할 줄 압니다.
I can speak Chinese, but not very well.

Words   🎧 143-144w

· 会 huì (배워서) ~할 줄 알다, ~를 할 수 있다 · 一点儿 yìdiǎnr 조금

★ 做菜 zuò cài 음식을 만들다 / 做 zuò 하다, 만들다 ★ 游泳 yóuyǒng 수영하다 / 游 yóu 헤엄치다

▶ 큰 소리로 따라 읽어 봅시다. 🎧145-146

145

타¹ 더⁰ 한⁴위³ 전³머⁰양⁴

他 的 汉语* 怎么样?
Tā de Hànyǔ zěnmeyàng?

⊙ 그의 중국어 실력은 어떻습니까?
How is his Chinese?

146

타¹ 더⁰ 한⁴위³ 헌³ 하오³

他 的 汉语* 很 好。
Tā de Hànyǔ hěn hǎo.

⊙ 그는 중국어를 잘 합니다.
He speaks Chinese fluently.

🎧145-146w

Words

· 汉语 Hànyǔ 중국어

★英语 Yīngyǔ 영어 ★日语 Rìyǔ 일본어 ★韩语 Hányǔ 한국어

120

▶ 큰 소리로 따라 읽어 봅시다. 🎧 147-148

147

니³ 후에이⁴ 쭈어⁴ 쭝¹구어²차이⁴ 마⁰

你 会 做 中国菜* 吗?
Nǐ huì zuò zhōngguócài ma?

➲ 중국 음식을 만들 줄 아세요?
Can you cook any Chinese food?

148

부² 후에이⁴, 메이²요우³ 쭈어⁴구어⁰

不 会, 没有 做*过。
Bú huì, méiyǒu zuòguo.

➲ 만들 줄 모릅니다. 만든 적이 없습니다.
No I can't, I have never done it.

Words 🎧 147-148w

· 做 zuò 하다, 만들다

★唱歌 chànggē 노래를 부르다 / 唱 chàng 노래하다 ★开车 kāichē 운전하다 / 开 kāi 운전하다

▶ 큰 소리로 따라 읽어 봅시다. 🎧 149-150

149

밍²티엔¹ 쭝¹우³ 카이¹후에이⁴,

明天 中午 开会*,
Míngtiān zhōngwǔ kāihuì,

니³ 넝² 뿌⁰ 넝² 찬¹지아¹

你 能不能 参加?
nǐ néng bu néng cānjiā?

➡ 내일 낮에 회의가 있는데, 참석할 수 있나요?
Can you attend the meeting tomorrow noon?

150

뚜에이⁴부⁰치³, 워³ 요우³ 싀⁴, 뿌⁴ 넝² 찬¹지아¹

对不起, 我 有事, 不能 参加。
Duìbuqǐ, wǒ yǒu shì, bù néng cānjiā.

➡ 미안합니다. 일이 있어서 참석할 수가 없습니다.
I'm sorry. But I can't. I have something to do.

🎧 149-150w

| Words |

· 中午 zhōngwǔ 낮 · 开会 kāihuì 회의하다 · 能 néng ~할 수 있다. 가능하다 · 参加 cānjiā 참석하다,
참가하다 · 有事 yǒu shì 일이 있다

★ 面试 miànshì 면접 시험(을 보다) ★ 考试 kǎoshì 시험 보다, 시험

▶ 큰 소리로 따라 읽어 봅시다. 🎧 151-152

151

쉐²씨아오⁴ 리⁰ 넝² 뿌⁰ 넝²　초우¹이엔¹
学校　里 能不能　抽烟*?
Xuéxiào　li néng bu néng　chōuyān?

➡ 학교 안에서 흡연이 가능한가요?
Can I smoke in campus?

152
땅¹란²　뿌⁴　커³이³
当然　不 可以。
Dāngrán bù　kěyǐ.

➡ 당연히 안 되지요.
Of course not.

| Words | 🎧 151-152w |

· 里 li 안, 속 · 抽烟 chōuyān 담배를 피우다 · 当然 dāngrán 당연히 · 可以 kěyǐ ~해도 좋다, ~해도 된다

* 喝酒 hē jiǔ 술을 마시다

▶ 큰 소리로 따라 읽어 봅시다. 🎧 153-154

153

쩔⁴ 푸⁴찐⁴ 요우³ 이¹위엔⁴ 마⁰

这儿 附近 有 医院 吗?
Zhèr　fùjìn　yǒu　yīyuàn　ma?

↪ 이 근처에 병원이 있나요?
Is there a hospital nearby?

154

요우³, 왕³ 치엔² 조우³

有，往 前* 走。
Yǒu,　wǎng qián zǒu.

↪ 있습니다. 앞으로 가면 있습니다.
Yes. Go straight.

🎧 153-154w

Words

· 医院 yīyuàn 병원 · 往前 wǎng qián 앞(쪽)으로 · 走 zǒu 가다, 걷다

★东边 dōngbian 동쪽 ★西边 xībian 서쪽 ★南边 nánbian 남쪽 ★北边 běibian 북쪽

▶ 큰 소리로 따라 읽어 봅시다. 🎧 155-156

155

니³ 날³ 뿌⁴ 슈¹푸⁰

你 哪儿 不 舒服?
Nǐ   nǎr   bù   shūfu?

➲ 어디가 불편하신가요?
What's wrong with you?

156

워³ 토우²텅², 파¹샤오¹

我 头疼, 发烧。
Wǒ   tóuténg,   fāshāo.

➲ 머리가 아프고, 열이 납니다.
I have a headache and fever.

Tip
· 感冒 gǎnmào 감기
· 牙疼 yá téng 이가아프다
· 拉肚子 lā dùzi 설사하다

| Words | 🎧 155-156w |

· 舒服 shūfu 편안하다 · 头疼 tóuténg 머리가 아프다 · 发烧 fāshāo 열이 나다

▶ 큰 소리로 따라 읽어 봅시다. 🎧 157-158

 157

니³ 시³환⁰ 션²머⁰ 이엔²써⁴

你 喜欢 什么 颜色?
Nǐ xǐhuan shénme yánsè ?

❷ 무슨 색깔을 좋아하세요?
What is your favorite color?

 158

워³ 시³환⁰ 란²써⁴

我 喜欢 蓝色*。
Wǒ xǐhuan lánsè.

❷ 나는 파란색을 좋아해요.
I like blue.

🎧 157-158w

Words

· 颜色 yánsè 색깔 · 蓝色 lánsè 파란색

★黑色 hēisè 검은색 ★白色 báisè 흰색 ★红色 hóngsè 빨간색

▶ 큰 소리로 따라 읽어 봅시다. 🎧 159-160

159

쩌⁴ 찌엔⁴ 이¹푸⁰   전³머⁰양⁴

这件 衣服 怎么样?

Zhè jiàn yīfu   zěnmeyàng?

↪ 이 옷은 어떻습니까?

How about this dress?

160

하이² 커³이³,   이엔²써⁴ 헌³ 하오³칸⁴

还可以, 颜色 很 好看。

Hái kěyǐ,   yánsè hěn hǎokàn.

↪ 괜찮습니다. 색깔이 예쁘네요.

Not so bad. The color looks nice.

Words   🎧 159-160w

· **件** jiàn 벌(옷을 세는 양사) · **衣服** yīfu 옷 · **还可以** hái kěyǐ 그럭저럭 괜찮다 · **好看** hǎokàn 예쁘다, 보기 좋다

1. 녹음을 듣고 단어의 빈칸을 채워 봅시다. 🎧 R08-1

① 一共 _____ 모두, 합계　② 会 huì _____

③ _____ cānjiā 참석하다, 참가하다　④ _____ _____ ～할 수 있다, 가능하다

⑤ 当然 _____ 　⑥ 医院 yīyuàn _____

2. 녹음을 듣고 문장의 빈칸을 채워 봅시다. 🎧 R08-2

① 服务员，我 _____。多少钱?

Fúwùyuán, wǒ yào mǎidān. _____?

여기요(점원을 부름), 계산하겠습니다. 얼마입니까?

② 我会说 _____。

Wǒ _____ yìdiǎnr.

조금 할 줄 압니다.

③ 他的汉语 _____。

Tā de _____ hěn hǎo.

그는 중국어를 잘 합니다.

④ 明天中午开会，_____?

Míngtiān _____, nǐ néng bu néng cānjiā?

내일 낮에 회의가 있는데, 참석할 수 있나요?

3. 해석과 단어를 참고하여 중국어 문장을 완성해 봅시다.

① 학교 안에서 흡연이 가능한가요?

② 이 근처에 병원이 있나요?

③ 있습니다. 앞으로 가면 있습니다.

④ 머리가 아프고, 열이 납니다.

⑤ 무슨 색깔을 좋아하세요?

⑥ 괜찮습니다. 색깔이 예쁘네요.

─ Hint

抽烟 chōuyān 담배를 피우다 往前 wǎng qián 앞(쪽)으로 走 zǒu 가다, 걷다 头疼
tóuténg 머리가 아프다 发烧 fāshāo 열이 나다 颜色 yánsè 색깔 还可以 hái kěyǐ 그
럭저럭 괜찮다

문화 7 - 중국의 출산율 끌어올리기

- 소황제(小皇帝 xiǎo huángdì)는 옛말?
- 중국 각지 치열한 '인구 유치 작전'

두 자녀 정책(二孩政策 Èr hái zhèngcè)

중국은 1978년 급격한 속도로 증가하는 인구수를 조절하고 안정적인 국가경제를 유지한다는 기초하에 정식으로 한 가구 한 자녀 낳기 정책을 장려하기 시작하였다. 하지만 최근 들어 출산율이 심각하게 감소하고 있을 뿐만 아니라 중국사회의 노령화가 시작되자 어느 시점에 도달하면 중국도 인구절벽에 도달할 수 있다는

점을 인지하고 2016년 1월 1일 출산에 관한 법령을 수정하여 30여 년간 지속되어 온 한 자녀 낳기 정책을 종료하였다. 그뿐만 아니라 최근에 중국 각지 특히 대도시에서는 각종 우대정책을 앞세운 '인구 유치 작전'으로 다른 지역의 인재들을 데려와 호적을 옮기도록 하는 데 열을 올리고 있다고 한다. 이러한 분위기 속에서 과거 한 자녀 낳기 정책 중 '소황제'로 살아온 세대들이 두 자녀 낳기에 호응할지 지켜볼 일이다.

PART **09**

Expression 161~180

🔍 단어 미리보기

- ☑ 季节 jìjié 계절
- ☐ 春天 chūntiān 봄
- ☐ 因为 yīnwèi 왜냐하면, ~때문에
- ☐ 为什么 wèishénme 왜
- ☐ 冬天 dōngtiān 겨울
- ☐ 滑雪 huáxuě 스키를 타다
- ☐ 有空 yǒu kòng 시간이 나다
- ☐ …的时候 …de shíhou ~할 때
- ☐ 有时候 yǒushíhou 때로는, 어떤 때는
- ☐ 逛街 guàngjiē 쇼핑하다, 거리를 돌아다니다
- ☐ 休息 xiūxi 쉬다, 휴식하다
- ☐ 比 bǐ ~에 비해서
- ☐ 期中考试 qīzhōng kǎoshì 중간고사
- ☐ 觉得 juéde ~라고 느끼다
- ☐ 难 nán 어렵다
- ☐ 一会儿 yíhuìr 잠시
- ☐ 请问 qǐngwèn 말씀 좀 여쭙겠습니다
- ☐ 火车站 huǒchēzhàn 기차역
- ☐ 从…到… cóng…dào… ~에서 ~까지
- ☐ 多长时间 duōcháng shíjiān (시간이) 얼마나 오래, 얼마 동안

▶ 큰 소리로 따라 읽어 봅시다. 🎧 161-162

161
니³ 시³환⁰ 션²머⁰ 찌⁴지에²

你 喜欢 什么 季节?
Nǐ xǐhuan shénme jìjié?

⊙ 당신은 무슨 계절을 좋아하나요?
What is your favorite season?

162
워³ 시³환⁰ 춘¹티엔¹, 인¹웨이⁴ 춘¹티엔¹ 헌² 누안³후어⁰

我 喜欢 春天, 因为 春天 很 暖和。
Wǒ xǐhuan chūntiān, yīnwèi chūntiān hěn nuǎnhuo.

Tip
중국어 계절
• 春天 chūntiān 봄
• 夏天 xiàtiān 여름
• 秋天 qiūtiān 가을
• 冬天 dōngtiān 겨울

⊙ 나는 봄을 좋아해요. 봄이 따뜻하기 때문입니다.
I like spring because it is warm.

🎧 161-162w

| Words |

• 季节 jìjié 계절 • 春天 chūntiān 봄 • 因为 yīnwèi 왜냐하면, ～때문에 • 暖和 nuǎnhuo 따뜻하다

▶ 큰 소리로 따라 읽어 봅시다. 🎧 163-164

니³ 웨이⁴션²머⁰ 시³환⁰ 똥¹티엔¹

你 为什么 喜欢 冬天*?
Nǐ wèishénme xǐhuan dōngtiān?

➲ 당신은 왜 겨울을 좋아하나요?
Why do you like winter?

인¹웨이⁴ 똥¹티엔¹ 커³이³ 화²쉐³

因为 冬天* 可以 滑雪*。
Yīnwèi dōngtiān kěyǐ huáxuě.

➲ 겨울에는 스키를 탈 수 있기 때문입니다.
Because I can go skiing in winter.

| Words | 🎧 163-164w |

· 为什么 wèishénme 왜 · 冬天 dōngtiān 겨울 · 可以 kěyǐ ～할 수 있다 · 滑雪 huáxuě 스키를 타다

★夏天 xiàtiān 여름 / 游泳 yóuyǒng 수영하다 ★秋天 qiūtiān 가을 / 看红叶 kàn hóngyè 단풍을 보다

▶ 큰 소리로 따라 읽어 봅시다. 🎧 165-166

 165

니³ 요우³콩⁴ 더⁰ 스²호우⁰ 쭈어⁴ 션²머⁰

你 有空 的 时候 做 什么?
Nǐ yǒu kòng de shíhou zuò shénme?

➲ 당신은 시간이 있을 때 무엇을 하나요?
What do you do in your free time?

 166

요우³스²호우⁰ 꽝⁴지에¹,

有时候 逛街*,
Yǒushíhou guàngjiē,

요우³스²호우⁰ 짜이⁴ 지아¹ 시우¹시⁰

有时候 在 家 休息*。
yǒushíhou zài jiā xiūxi.

➲ 때로는 쇼핑하고, 때로는 집에서 쉽니다.
Sometimes I go for shopping, or I take some rest at home.

🎧 165-166w

Words

· 有空 yǒu kòng 시간이 나다 · …的时候 …de shíhou ~할 때 · 有时候 yǒushíhou 때로는, 어떤 때는
· 逛街 guàngjiē 쇼핑하다, 거리를 돌아다니다 · 休息 xiūxi 쉬다, 휴식하다

★ 爬山 pá shān 등산하다 / 听音乐 tīng yīnyuè 음악을 듣다

▶ 큰 소리로 따라 읽어 봅시다. 🎧 167-168

167

베이³징¹ 똥¹티엔¹ 더⁰ 티엔¹치⁴ 전³머⁰양⁴

北京 冬天 的 天气 怎么样?
Běijīng dōngtiān de tiānqì zěnmeyàng?

↪ 베이징의 겨울 날씨는 어떤가요?
How is the winter weather in Beijing?

168

베이³징¹ 비³ 쇼우³얼³ 렁³

北京 比 首尔 冷*。
Běijīng bǐ Shǒu'ěr lěng.

↪ 베이징이 서울보다 춥습니다.
Beijing is colder than Seoul.

Tip
比는 비교문에 쓰이는 전치사
입니다.

| Words 🎧 167-168w

· 天气 tiānqì 날씨 · 比 bǐ ~에 비해서 · 冷 lěng 춥다

*热 rè 덥다

▶ 큰 소리로 따라 읽어 봅시다. 🎧 169-170

Tip
• 期末考试 qīmò kǎoshì
  기말고사

169

치¹쭝¹ 카오³싀⁴ 카오³ 더⁰ 전³머⁰양⁴

期中考试 考 得 怎么样?
Qīzhōng kǎoshì kǎo de zěnmeyàng?

→ 중간고사 어떻게 보셨나요?
How was your midterm test?

170

마³마³ 후¹후¹

马马虎虎*。
Mǎmǎhūhū.

→ 그저 그렇습니다.
Just so-so.

🎧 169-170w

Words

• 期中考试 qīzhōng kǎoshì 중간고사 • 得 de 동사 뒤에 쓰여 정도를 나타내는 보어와 연결시킴 • 马马虎虎 mǎmǎhūhū 그저 그렇다

★ 还可以 hái kěyǐ 그럭저럭 괜찮다 ★ 不错 búcuò 괜찮다, 좋다 ★ 不好 bù hǎo 안 좋다

136

▶ 큰 소리로 따라 읽어 봅시다. 🎧171-172

171

니³ 줴²더⁰ 쉐² 한⁴위³ 전³머⁰양⁴

你 觉得 学 汉语 怎么样?

Nǐ juéde xué Hànyǔ zěnmeyàng?

➡ 당신은 중국어 배우는 것이 어떻다고 생각합니까?
How do you like learning Chinese?

172

워³ 줴²더⁰ 헌³ 난²

我 觉得 很难。

Wǒ juéde hěn nán.

➡ 저는 어렵다고 생각합니다.
I find it very difficult to learn Chinese.

Words 🎧171-172w

· 觉得 juéde ~라고 느끼다 · 学 xué 배우다 · 难 nán 어렵다

▶ 큰 소리로 따라 읽어 봅시다. 🎧173-174

173

워³먼⁰ 시우¹시⁰ 이²후얼⁴, 하오³ 마⁰

我们 休息 一会儿, 好吗?
Wǒmen xiūxi yíhuìr, hǎo ma?

▷ 우리 잠시 쉴래요?
Can we take a break for a moment?

174

하오³ 더⁰, 시우¹시⁰ 싀² 펀¹쭝¹

好的, 休息 十分钟。
Hǎo de, xiūxi shí fēnzhōng.

▷ 좋아요. 10분간 쉽시다.
Okay. Let's take a 10-minute break.

> **Tip**
> '分钟 fēnzhōng'과 '小时 xiǎoshí'는 분과 시간의 양을 나타낼 때 쓰입니다.

🎧173-174w

Words

· 休息 xiūxi 휴식하다 · 一会儿 yíhuìr 잠시 · 分钟 fēnzhōng 분(시간을 세는 단위)

▶ 큰 소리로 따라 읽어 봅시다. 🎧 175-176

175

쩌⁴거⁰ 쭝¹구어² 찬¹팅¹ 전³머⁰양⁴

这个 中国 餐厅 怎么样?
Zhège   Zhōngguó cāntīng   zěnmeyàng?

➲ 이 중국 식당은 어떤가요?
How is the Chinese restaurant?

176

쩌⁴거⁰ 찬¹팅¹ 헌³ 하오³츠¹, 예³ 헌³ 피엔²이⁰

这个餐厅很好吃, 也 很 便宜。
Zhège cāntīng hěn hǎochī,   yě   hěn piányi.

➲ 이 식당은 맛있고 가격도 쌉니다.
It's not only delicious but also cheap.

Words 🎧 175-176w

· 餐厅 cāntīng 식당 · 好吃 hǎochī 맛있다 · 便宜 piányi 싸다

▶ 큰 소리로 따라 읽어 봅시다. 🎧 177-178

 177

칭³원⁴,   후어³처¹짠⁴   전³머⁰ 조우³

请问，火车站* 怎么 走?
Qǐngwèn, huǒchēzhàn zěnme zǒu?

➡️ 말씀 좀 묻겠습니다. 기차역은 어떻게 갑니까?
Excuse me, how can I get to the train station?

 178

쭈어⁴ 추¹주¹처¹   야오⁴ 싼¹ 싀² 펀¹쭝¹

坐 出租车 要 三十分钟。
Zuò chūzūchē yào sānshí fēnzhōng.

➡️ 택시를 타고 30분 걸립니다.
You can get there in 30 minutes by taxi.

🎧 177-178w

Words

· 请问 qǐngwèn 말씀 좀 여쭙겠습니다 · 火车站 huǒchēzhàn 기차역 · 怎么 走 zěnme zǒu 어떻게 갑니까? · 出租车 chūzūchē 택시 · 要 yào (시간이) 걸리다

★机场 jīchǎng 공항

▶ 큰 소리로 따라 읽어 봅시다. 🎧179-180

179

총² 쩔⁴ 따오⁴ 쇼우³얼³ 야오⁴ 뚜어¹창² 싀²지엔¹

从 这儿 到 首尔 要 多长 时间?
Cóng zhèr dào Shǒu'ěr yào duōcháng shíjiān?

➡ 여기에서 서울까지 얼마나 걸립니까?
How long does it take from here to Seoul?

180

쭈어⁴ 띠⁴티에³ 야오⁴ 싼¹싀² 펀¹쭝¹

坐 地铁＊要 三十 分钟。
Zuò dìtiě yào sānshí fēnzhōng.

➡ 지하철을 타고 30분 걸립니다.
It takes 30 minutes by subway.

Words 🎧179-180w

· 从…到… cóng…dào… ～에서 ～까지 · 多长时间 duōcháng shíjiān (시간이) 얼마나 오래, 얼마 동안
· 地铁 dìtiě 지하철

★坐出租车 zuò chūzūchē 택시를 타다 ★坐公交车 zuò gōngjiāochē 버스를 타다 ★开车 kāichē 운전하다

1. 녹음을 듣고 단어의 빈칸을 채워 봅시다. 🎧 R09-1

① [　　　] chūntiān 봄   ② 为什么 wèishénme [　　　]

③ 有空 [　　　] 시간이 나다   ④ [　　　] lěng 춥다

⑤ [　　　] nán [　　　]   ⑥ [　　　] [　　　] 휴식하다

2. 녹음을 듣고 문장의 빈칸을 채워 봅시다. 🎧 R09-2

① 我喜欢春天，[　　　] 春天很 [　　　]。

    Wǒ [　　　] chūntiān, yīnwèi chūntiān [　　　] nuǎnhuo.

    나는 봄을 좋아해요. 봄이 따뜻하기 때문입니다.

② [　　　] 逛街，[　　　] 在家休息。

    Yǒushíhou [　　　], yǒushíhou zài jiā [　　　].

    때로는 쇼핑하고, 때로는 집에서 쉽니다.

③ 北京 [　　　] 首尔冷。

    Běijīng bǐ Shǒu'ěr [　　　].

    베이징이 서울보다 춥습니다.

④ [　　　]。

    Mǎmǎhūhū.

    그저 그렇습니다.

3. 해석과 단어를 참고하여 중국어 문장을 완성해 봅시다.

① 당신은 시간이 있을 때 무엇을 하나요?

② 당신은 중국어 배우는 것이 어떻다고 생각합니까?

③ 우리 잠시 쉴래요?

④ 말씀 좀 묻겠습니다. 기차역은 어떻게 갑니까?

⑤ 여기에서 서울까지 얼마나 걸립니까?

⑥ 지하철을 타고 30분 걸립니다.

— Hint
  觉得 juéde ~라고 느끼다 ・ 一会儿 yíhuìr 잠시 ・ 请问 qǐngwèn 말씀 좀 여쭙겠습니다
  怎么走 zěnme zǒu 어떻게 갑니까? ・ 从…到… cóng…dào… ~에서 ~까지 ・ 多长时间
  duōcháng shíjiān (시간이) 얼마나 오래, 얼마 동안 ・ 地铁 dìtiě 지하철

문화 8 - 나만의 낭독실, 노래방

- 낭독으로 하루를 시작하는 중국인!
- 나만의 노래를 마음껏 즐기는 중국인!

낭독 부스(朗读亭 lǎngdú tíng)

중국에 '하루 계획은 새벽에 한다(一日之计在于晨 yí rì zhī jì zàiyú chén)'란 속담이 있듯이 아침에 문장을 낭독하는 습관을 가지고 있는 중국인이 많다. 캠퍼스 곳곳에서 이른 아침에 책을 낭독하는 풍경을 종종 볼 수 있는 이유이다. 급기야 최근에는 '낭독 부스'라는 것이 출현하였다. 높이 3미터, 2.5평방미터 정도 크기의 중국 전통양식으로 만들어진 부스 안에는 카메라와 음향, 녹음 장치 등이 설치되어 있다. 마이크에 대고 자신이 원하는 문학작품을 낭독하면 된다. 낭독이 끝나고 나면 영상자료도 자신의 스마트폰에 담아 가져갈 수 있다.

노래 부스(唱歌亭 chànggē tíng)

낭독 부스가 있는가 하면 노래를 좋아하는 사람들이 즐겨 찾는 '노래 부스'도 있다. 동전 노래방과 같은 곳으로 평소에 노래 부르기를 좋아하지만 주변 사람들 눈치를 의식해서 맘껏 부르지 못했다면 밀폐된 노래 부스 안에 들어가 마음껏 노래를 부를 수 있다. 또한 자신이 불렀던 노래를 바로 스마트폰에 담아 갈 수도 있다. 현재 중국인이 즐겨 찾는 노래 부스로는 '咪哒 Mīdá miniK', '唱万家 Chàngwànjiā miniK', '友唱 Yǒuchàng m-bar' 등이 있다.

PART 10

Expression 181~200

🔍 단어 미리보기

- ☑ 为什么 wèishénme 왜
- ☐ 上课 shàngkè 수업하다
- ☐ 医院 yīyuàn 병원
- ☐ 迟到 chídào 지각하다
- ☐ 刚 gāng 방금, 막
- ☐ 来晚 láiwǎn 늦게 오다
- ☐ 因为… 所以… yīnwèi…suǒyǐ… ~때문에 그래서 ~하다
- ☐ 堵车 dǔchē 차가 막히다
- ☐ 聚会 jùhuì 모임
- ☐ 可是 kěshì 그러나, 그런데
- ☐ 来得及 láidejí 시간 안에 가능하다
- ☐ 已经 yǐjīng 이미
- ☐ 到 dào 도착하다
- ☐ 楼 lóu 층, 건물
- ☐ 照片 zhàopiàn 사진
- ☐ 性格 xìnggé 성격
- ☐ 怎么样 zěnmeyàng 어떻다, 어떠하다
- ☐ 长得 zhǎng de 생긴 것이, 생김새가
- ☐ 可爱 kě'ài 귀엽다
- ☐ 漂亮 piàoliang 예쁘다

▶ 큰 소리로 따라 읽어 봅시다. 🎧 181-182

181

니³ 라이² 한²구어² 뚜어¹창² 싀²지엔¹ 러⁰

你 来 韩国* 多长　时间 了?
Nǐ lái Hánguó duōcháng shíjiān le?

⊙ 한국에 온 지 얼마나 되었습니까?
How long have you been in Korea?

182

워³ 라이² 한²구어² 이⁴ 니엔² 러⁰

我 来 韩国* 一年 了。
Wǒ lái Hánguó yì nián le.

⊙ 한국에 온 지 일 년째입니다.
It has been 1 year.

🎧 181-182w

Words

· 来韩国 lái Hánguó 한국에 오다 · 多长时间 duōcháng shíjiān (시간이) 얼마나 오래

★ 毕业 bìyè 졸업하다 ★ 工作 gōngzuò 일, 일하다

▶ 큰 소리로 따라 읽어 봅시다. 🎧 183-184

183

니³ 주어²티엔¹ 웨이⁴션²머⁰ 메이² 라이² 샹⁴커⁴

你 昨天 为什么 没 来 上课*?
Nǐ zuótiān wèishénme méi lái shàngkè?

➡ 당신은 어제 왜 수업에 오지 않았습니까?
Why didn't you come to class yesterday?

184

워³ 주어²티엔¹ 취⁴ 이¹위엔⁴ 러⁰

我 昨天 去 医院 了。
Wǒ zuótiān qù yīyuàn le.

➡ 어제 병원에 갔습니다.
I went to see a doctor yesterday.

| Words | 🎧 183-184w

· 昨天 zuótiān 어제 · 为什么 wèishénme 왜 · 上课 shàngkè 수업하다 · 医院 yīyuàn 병원

★ 面试 miànshì 면접 시험(을 보다)

▶ 큰 소리로 따라 읽어 봅시다. 🎧 185-186

185

뚜에이⁴부⁰치³,　워³　최²따오⁴ 러⁰

对不起，我 迟到 了。
Duìbuqǐ,　　wǒ　chídào　le.

↪ 미안합니다. 지각했습니다.
Sorry. I am late.

186

메이² 꽌¹ 시⁰,　워³ 예³ 깡¹ 라이²

没关系，我 也 刚 来。
Méi guānxi,　　wǒ　yě　gāng lái.

↪ 괜찮습니다. 나도 방금 왔습니다.
It's okay. I just got here.

🎧 185-186w

Words

· 迟到 chídào 지각하다　· 刚 gāng 방금, 막

148

▶ 큰 소리로 따라 읽어 봅시다. 🎧187-188

187

니³ 웨이⁴션²머⁰ 라이²완³ 러⁰

你 为什么 来晚 了?
Nǐ wèishénme láiwǎn le?

➡ 당신은 왜 늦게 왔나요?
Why are you late?

188

인¹웨이⁴ 두³처¹, 쑤어³이³ 라이²완³ 러⁰

因为 堵车, 所以 来晚 了。
Yīnwèi dǔchē, suǒyǐ láiwǎn le.

➡ 차가 막혀서 늦었습니다.
I am late because of the traffic jam.

Words	🎧187-188w

· 来晚 láiwǎn 늦게 오다 · 因为…所以… yīnwèi…suǒyǐ… ～때문에 그래서 ～하다 · 堵车 dǔchē 차가 막히다

▶ 큰 소리로 따라 읽어 봅시다. 🎧 189-190

189

쩌⁴거⁰　쪼우¹모⁴　요우³　쮜⁴후에이⁴,　니³　넝²　취⁴　마⁰

这个 周末 有 聚会★, 你 能 去 吗?

Zhège zhōumò yǒu jùhuì, nǐ néng qù ma?

➲ 이번 주말에 모임이 있는데 갈 수 있습니까?
We are getting together this weekend. Can you join us?

190

워³　헌³　씨앙³　취⁴,　커³스⁴　워³　요³　스⁴,

我 很 想 去, 可是 我 有 事,

Wǒ hěn xiǎng qù, kěshì wǒ yǒu shì,

뿌⁴　넝²　취⁴

不 能 去。

bù néng qù.

➲ 아주 가고 싶지만, 일이 있어서 갈 수가 없습니다.
I would love to, but I have another appointment.

🎧 189-190w

Words

· 聚会 jùhuì 모임 · 想 xiǎng ～하고 싶다 · 可是 kěshì 그러나, 그런데

★ 晚会 wǎnhuì 저녁 모임 ★ 画展 huàzhǎn 그림 전시회

▶ 큰 소리로 따라 읽어 봅시다. 🎧 191-192

191

완³샹⁰　　치¹디엔³ 요우³ 띠엔⁴잉³,

晚上　七点 有 电影,
Wǎnshang qī diǎn yǒu diànyǐng,

씨엔⁴짜이⁴ 취⁴ 라이²더⁰지² 라이²뿌⁰지²

现在 去 来得及 来不及?
xiànzài　qù　láidejí　　láibují?

◑ 저녁 7시에 영화가 상영되는데, 지금 가면 시간 안에 갈 수 있나요?
The movie start at 7 o'clock. If I leave now, can I get there on time?

192

라이²더⁰지²

来得及。
Láidejí.

◑ 시간 안에 갈 수 있습니다.
You can get there on time.

🎧 191-192w
| Words |

· 来得及 láidejí 시간 안에 가능하다 · 来不及 láibují 시간 안에 할 수 없다

▶ 큰 소리로 따라 읽어 봅시다. 🎧 193-194

193

워³ 이³징¹ 따오⁴ 러⁰, 니³ 짜이⁴ 날³

我 已经 到 了, 你 在 哪儿?
Wǒ yǐjīng dào le, nǐ zài nǎr?

➲ 이미 도착했습니다. 어디에 있습니까?
I already got here. Where are you?

194

워³ 짜이⁴ 투²슈¹관³ 리우⁴로우²

我 在 图书馆 六 楼。
Wǒ zài túshūguǎn liù lóu.

➲ 나는 도서관 6층에 있어요.
I'm on the 6th floor of the library.

🎧 193-194w

Words

· 已经 yǐjīng 이미 · 到 dào 도착하다 · 楼 lóu 층, 건물

▶ 큰 소리로 따라 읽어 봅시다. 🎧 195-196

195

쩌⁴ 싀⁴ 셰이² 더⁰ 짜오⁴피엔⁴
这 是 谁 的 照片?
Zhè shì shéi de zhàopiàn?

➲ 이것은 누구의 사진입니까?
Who's it in the photo?

196

쩌⁴ 싀⁴ 워³ 뉘³ 펑²요우⁰ 더⁰ 짜오⁴피엔⁴
这 是 我 女朋友* 的 照片。
Zhè shì wǒ nǚ péngyou de zhàopiàn.

➲ 이것은 내 여자친구의 사진입니다.
It's my girlfriend.

Words 🎧 195-196w

· 这 zhè 이 · 谁 shéi, shuí 누구 · 照片 zhàopiàn 사진 · 女朋友 nǚ péngyou 여자친구

★ 男朋友 nán péngyou 남자친구 ★ 同事 tóngshì 직장 동료 ★ 同学 tóngxué 학교 친구

▶ 큰 소리로 따라 읽어 봅시다. 🎧 197-198

197

타¹ 더⁰ 씽⁴거² 전³머⁰양⁴

他 的 性格 怎么样?
Tā de xìnggé zěnmeyàng?

💿 그의 성격은 어떻습니까?
How is his personality?

198

타¹ 더⁰ 씽⁴거² 헌³ 하오³

他 的 性格 很 好*。
Tā de xìnggé hěn hǎo.

💿 그의 성격은 아주 좋습니다.
He has good personality.

Words 🎧 197-198w

· 性格 xìnggé 성격 · 怎么样 zěnmeyàng 어떻다, 어떠하다

★内向 nèixiàng 내성적이다 ★外向 wàixiàng 외향적이다 ★细心 xìxīn 세심하다

▶ 큰 소리로 따라 읽어 봅시다. 🎧 199-200

니³ 더⁰ 뉘³ 펑²요우⁰ 장³ 더⁰ 전³머⁰양⁴

 你的 女朋友 长 得 怎么样?
Nǐ de nǚ péngyou zhǎng de zěnmeyàng?

Tip
男朋友 nán péngyou
남자친구

⊙ 당신의 여자친구는 어떻게 생겼나요?
What does your girlfriend look like?

타¹ 장³ 더⁰ 헌³ 커³아이⁴

 她 长 得 很 可爱*。
Tā zhǎng de hěn kě'ài.

Tip
帅 shuài 멋있다

⊙ 그녀는 아주 귀엽게 생겼습니다.
She looks lovely.

| Words | 🎧 199-200w |

· 长得 zhǎng de 생긴 것이, 생김새가 · 可爱 kě'ài 귀엽다

★漂亮 piàoliang 예쁘다

1. 녹음을 듣고 단어의 빈칸을 채워 봅시다. 🎧 R10-1

① _____ shàngkè 수업하다   ② 迟到 _____ 지각하다

③ 堵车 dǔchē _____   ④ _____ kěshì 그러나, 그런데

⑤ _____ láidejí _____   ⑥ 已经 _____ 이미

2. 녹음을 듣고 문장의 빈칸을 채워 봅시다. 🎧 R10-2

① 你来韩国 _____ 了?

Nǐ _____ duōcháng shíjiān le?

한국에 온 지 얼마나 되었습니까?

② 你昨天为什么 _____ ?

Nǐ zuótiān _____ méi lái shàngkè?

당신은 어제 왜 수업에 오지 않았습니까?

③ _____ ，我迟到了。

Duìbuqǐ, wǒ _____ le.

미안합니다. 지각했습니다.

④ 因为堵车，_____ 。

_____ , suǒyǐ láiwǎn le.

차가 막혀서 늦었습니다.

3. 해석과 단어를 참고하여 중국어 문장을 완성해 봅시다.

① 이번 주말에 모임이 있는데 갈 수 있습니까?

② 시간 안에 갈 수 있습니다.

③ 나는 도서관 6층에 있어요.

④ 이것은 내 여자친구의 사진입니다.

⑤ 그의 성격은 어떻습니까?

⑥ 그녀는 아주 귀엽게 생겼습니다.

- Hint
  周末 zhōumò 주말 · 聚会 jùhuì 모임 · 女朋友 nǚ péngyou 여자친구 · 性格 xìnggé 성격 · 可爱 kě'ài 귀엽다

자기소개 패턴 II

니³먼⁰ 하오³, 런⁴싀⁰ 니³먼⁰ 헌³ 까오¹씽⁴

你们好，认识你们很高兴。

Nǐmen hǎo, rènshi nǐmen hěn gāoxìng.

안녕하세요. 여러분을 알게 되어 기쁩니다.

워³ 찌아오⁴ [   ], 찐¹니엔² [   ] 쑤에이⁴, 싀⁴ 한²구어²런²

我叫 [   ]， 今年 [   ] 岁， 是 韩国人。

Wǒ jiào [   ], jīnnián [   ] suì, shì Hánguórén.

제 이름은 [   ] 이며, 올해 [   ] 살이고 한국 사람입니다.

워³ 찐¹니엔² 샹⁴ 따⁴쉐² 이¹ 니엔²지² , 쭈안¹이에⁴ 싀⁴ [   ]

我今年上大学一年级， 专业是 [   ]。

Wǒ jīnnián shàng dàxué yī niánjí, zhuānyè shì [   ].

올해 저는 대학 1학년이 되었으며, 전공은 [   ] 입니다.

쪼우¹모⁴ 워³ 시³환⁰ 칸⁴ 슈¹, 팅¹ 인¹위에⁴, 껀¹ 펑²요우⁰먼⁰ 이⁴치³ 칸⁴ 띠엔⁴잉³

周末我喜欢看书、听音乐、跟朋友们一起看电影。

Zhōumò wǒ xǐhuan kàn shū、tīng yīnyuè、 gēn péngyoumen yìqǐ kàn diànyǐng.

주말에는 독서와 음악 듣기, 친구들과 함께 영화 보는 것을 좋아합니다.

워³ 더⁰ 씽⁴거² 헌³ 와이⁴씨앙⁴, 씨¹왕⁴ 껀¹ 니³먼⁰ 쭈어⁴ 하오³ 펑²요우⁰

我的性格很外向，希望跟你们做好朋友，

Wǒ de xìnggé hěn wàixiàng, xīwàng gēn nǐmen zuò hǎo péngyou,

제 성격은 외향적입니다. 여러분과 좋은 친구가 되기를 바라고,

예³ 씨¹왕⁴ 쟝¹라이² 짜이⁴ 쭝¹구어² 꽁¹쓰¹ 꽁¹쭈어⁴. 칭³ 뚜어¹뚜어¹ 즤³지아오⁴

也希望 将来 在 中国公司 工作。请多多 指教。

yě xīwàng jiānglái zài Zhōngguó gōngsī gōngzuò. Qǐng duōduō zhǐjiào.

장래에는 중국 회사에서 일하기를 희망합니다. 많이 가르쳐 주시기 바랍니다.

워³ 더⁰ 찌에⁴샤오⁴ 완² 러⁰, 씨에⁴씨에⁰ 따⁴지아¹

我的介绍 完了，谢谢 大家。

Wǒ de jièshào wán le, xièxiè dàjiā.

제 소개를 마치겠습니다. 여러분 감사합니다.

PART 11

▶ Expression 201~220 ◀

🔍 단어 미리보기

- ☑ 跟 gēn ~와, 따르다
- ☐ 一般 yìbān 보통
- ☐ 有时候 yǒushíhou 때로는
- ☐ 聊天儿 liáotiānr 잡담하다
- ☐ 毕业 bìyè 졸업하다
- ☐ 下课 xiàkè 수업이 끝나다
- ☐ 以后 yǐhòu 이후
- ☐ 一边…一边… yìbiān…yìbiān… ~하면서 ~하다
- ☐ 什么时候 shénme shíhou 언제
- ☐ 结婚 jiéhūn 결혼하다
- ☐ 自我介绍 zìwǒ jièshào 자기소개
- ☐ 专业 zhuānyè 전공
- ☐ 照相 zhàoxiàng 사진을 찍다
- ☐ 瘦了 shòu le (살이) 빠졌다
- ☐ 最近 zuìjìn 요즘
- ☐ 压力 yālì 스트레스
- ☐ 生活 shēnghuó 생활
- ☐ 习惯 xíguàn 습관이 되다, 익숙하다
- ☐ 请客 qǐngkè 한턱내다, 대접하다
- ☐ 客气 kèqi 예의가 바르다, 정중하다

▶ 큰 소리로 따라 읽어 봅시다. 🎧 201-202

201

니³ 껀¹ 펑²요우⁰ 이⁴빤¹ 쭈어⁴ 션²머⁰

你 跟 朋友 一般 做 什么?

Nǐ gēn péngyou yìbān zuò shénme?

➡ 당신은 친구와 보통 무엇을 하나요?
What do you usually do when you meet your friends?

202

요우³싀²호우⁰ 허¹ 카¹페이¹ 리아오²티얼¹,

有时候 喝 咖啡 聊天儿,

Yǒushíhou hē kāfēi liáotiānr,

요우³싀²호우⁰ 칸⁴ 띠엔⁴잉³

有时候 看 电影。

yǒushíhou kàn diànyǐng.

➡ 커피를 마시면서 이야기할 때도 있고 영화 볼 때도 있어요.
We sometimes drink coffee chat, or watch movies.

🎧 201-202w

Words

· 跟 gēn ~와, 따르다 · 朋友 péngyou 친구 · 一般 yìbān 보통 · 做 zuò 하다 · 有时候 yǒushíhou
때로는 · 聊天儿 liáotiānr 잡담하다

▶ 큰 소리로 따라 읽어 봅시다. 🎧 203-204

203

따⁴쉐² 삐⁴이에⁴ 이³호우⁴ 니³ 씨앙³ 쭈어⁴ 션²머⁰.

大学 毕业 以后 你 想 做 什么?
Dàxué bìyè yǐhòu nǐ xiǎng zuò shénme?

➔ 대학을 졸업한 후에 무엇을 하고 싶습니까?
What do you want to do after graduation?

204

워³ 씨앙³ 쭈어⁴ 꽁¹쓰¹ 즈²위엔²

我 想 做 公司 职员*。
Wǒ xiǎng zuò gōngsī zhíyuán.

➔ 저는 회사원이 되고 싶습니다.
I want to be a businessman.

Words 🎧 203-204w

· 毕业 bìyè 졸업하다 · 以后 yǐhòu 이후 · 想 xiǎng ~하고 싶다 · 公司职员 gōngsī zhíyuán 회사원

★ 做公务员 zuò gōngwùyuán 공무원을 하다 ★ 去留学 qù liúxué 유학을 가다 ★ 上研究生 shàng yánjiūshēng 대학원에 가다

▶ 큰 소리로 따라 읽어 봅시다. 🎧 205-206

205
씨아⁴커⁴ 이³호우⁴, 니³ 쭈어⁴ 션²머⁰

下课* 以后, 你 做 什么?
Xiàkè   yǐhòu,   nǐ zuò shénme?

➡ 수업이 끝난 후에 당신은 무엇을 합니까?
What do you do after class?

206
씨아⁴커⁴ 이³호우⁴, 워³ 찌엔⁴ 펑²요우⁰

下课* 以后, 我 见 朋友。
Xiàkè   yǐhòu,   wǒ jiàn péngyou.

➡ 수업이 끝난 후에 나는 친구를 만납니다.
After class, I usually meet a friend.

🎧 205-206w
Words

· 下课 xiàkè 수업이 끝나다 · 见 jiàn 만나다

★ 下班 xiàbān 퇴근하다

▶ 큰 소리로 따라 읽어 봅시다. 🎧 207-208

207

삐⁴이에⁴ 이³호우⁴,　니³ 씨앙³ 쭈어⁴ 션²머⁰

毕业 以后， 你 想 做 什么?
Bìyè　yǐhòu,　nǐ　xiǎng zuò　shénme?

➲ 당신은 졸업한 후에 무엇을 하고 싶습니까?
What do you want to do after graduation?

208

워³　씨앙³　이⁴비엔¹ 쉐²시²,　이⁴비엔¹ 꽁¹쭈어⁴

我 想 一边 学习， 一边 工作。
Wǒ　xiǎng yìbiān　xuéxí,　yìbiān　gōngzuò.

➲ 저는 공부하면서 일하고 싶습니다.
I would like to work and study at the same time.

Tip
'一边+동사₁…一边+동사2'
는 두 개의 동작이 동시에 일
어남을 표현할 때 쓰입니다.

🎧 207-208w

| Words |

· 一边…一边… yìbiān…yìbiān… ~하면서 ~하다 · 学习 xuéxí 공부하다 · 工作 gōngzuò 일, 직업, 일
하다

▶ 큰 소리로 따라 읽어 봅시다. 🎧 209-210

209

니³ 씨앙³ 션²머⁰ 싀²호우⁰ 지에²훈¹

你 想　什么时候　结婚?

Nǐ　xiǎng　shénme shíhou　jiéhūn?

➲ 당신은 언제 결혼하실 생각입니까?
When do you want to get married?

210

워³ 씨앙³　싼¹싀²　쑤에이⁴ 이³호우⁴ 지에²훈¹

我 想　三十 岁　以后 结婚。

Wǒ　xiǎng　sānshí suì　yǐhòu　jiéhūn.

➲ 저는 30살 이후에 결혼할 생각입니다.
I want to get married after 30 years old.

🎧 209-210w

| Words |

· **什么时候** shénme shíhou 언제 · **结婚** jiéhūn 결혼하다 · **岁** suì 살

164

▶ 큰 소리로 따라 읽어 봅시다. 🎧 211-212

칭³ 니³ 쯔⁴워³ 찌에⁴샤오⁴

请 你 自我介绍。

Qǐng nǐ zìwǒ jièshào.

➡ 본인 소개를 해주시길 바랍니다.
Please introduce yourself.

따⁴지아¹ 하오³, 워³ 싀⁴ 한²구어²런²

大家好，我是韩国人，

Dàjiā hǎo, wǒ shì Hánguórén,

워³ 더⁰ 쭈안¹이에⁴ 싀⁴ 쭝¹원²

我的 专业 是中文。

wǒ de zhuānyè shì Zhōngwén.

런⁴싀⁰ 니³먼⁰ 헌³ 까오¹씽⁴, 칭³ 뚜어¹뚜어¹ 즈³지아오⁴

认识 你们 很 高兴，请 多多 指教。

Rènshi nǐmen hěn gāoxìng, qǐng duōduō zhǐjiào.

Tip
多多와 같이 형용사를 중첩하면 의미가 더 심화됨을 나타냅니다.

➡ 여러분 안녕하세요. 저는 한국 사람이고 전공은 중국어입니다.
Hello, everyone, I am Korean, my major is Chinese.
여러분을 알게 되어 매우 반갑습니다. 많이 가르쳐 주세요.
Nice to meet you, I'll appreciate your help.

🎧 211-212w

Words

· 请 qǐng ~해 주세요, 부탁하다 · 自我介绍 zìwǒ jièshào 자기소개 · 专业 zhuānyè 전공 · 多多
duōduō 아주 많다 · 指教 zhǐjiào 가르치다

▶ 큰 소리로 따라 읽어 봅시다. 🎧 213-214

213

칭³ 니³ 빵¹ 워³ 짜오⁴씨앙⁴, 하오³ 마⁰

请 你 帮 我 照相， 好 吗?
Qǐng nǐ bāng wǒ zhàoxiàng, hǎo ma?

➥ 사진 좀 찍어 주시겠어요?
Would you please take a picture for me?

214

하오³더⁰, 니³ 씨앙³ 짜이⁴ 날³ 짜오⁴

好的， 你 想 在 哪儿 照?
Hǎo de, nǐ xiǎng zài nǎr zhào?

➥ 알겠습니다. 어디에서 찍고 싶으세요?
Okay, where do you want to take a picture?

🎧 213-214w

Words

· 帮 bāng 돕다 · 照相 zhàoxiàng 사진을 찍다 · 照 zhào (사진을) 찍다

166

▶ 큰 소리로 따라 읽어 봅시다. 🎧 215-216

Tip
형용사 뒤에 了를 사용하여 상태 변화의 의미를 나타냅니다.
• 天冷了。Tiān lěng le.
날씨가 추워졌다. (이전에는 안 추웠다는 의미)

215

니³ 쇼우⁴ 러⁰

你 瘦 了*!
Nǐ shòu le!

⊃ 당신 살이 빠졌네요!
It looks like you lost weight!

216

싀⁴, 쭈에이⁴찐⁴ 쉐²시² 이야¹리⁴ 타이⁴ 따⁴

是，最近 学习 压力 太 大。
Shì, zuìjìn xuéxí yālì tài dà.

⊃ 네, 요즘 공부 스트레스가 너무 많아서요.
Yes, I have been under great pressure on study recently.

Words 🎧 215-216w

• 瘦了 shòu le (살이) 빠졌다 • 最近 zuìjìn 요즘 • 压力 yālì 스트레스 • 大 dà 크다

*胖了 pàng le 살이 쪘다

▶ 큰 소리로 따라 읽어 봅시다. 🎧 217-218

217

니³ 짜이⁴ 한²구어² 더⁰ 셩¹후어² 시²꽌⁴ 러⁰ 마⁰

你 在 韩国 的 生活★ 习惯 了 吗?
Nǐ zài Hánguó de shēnghuó xíguàn le ma?

➡ 한국 생활에 익숙해졌습니까?
Are you used to living in Korea?

218

시²꽌⁴ 러⁰

习惯 了。
Xíguàn le.

➡ 익숙해졌습니다.
I have got used to.

| Words | 🎧 217-218w |

· 生活 shēnghuó 생활 · 习惯 xíguàn 습관이 되다, 익숙하다

★ 住的 zhù de 사는 것 ★ 吃的 chī de 먹는 것

▶ 큰 소리로 따라 읽어 봅시다. 🎧 219-220

찐¹티엔¹ 워³ 칭³ 커⁴

219

今天 我 请客。
Jīntiān wǒ qǐngkè.

➡ 오늘은 제가 대접하겠습니다.
Let me treat you today.

부² 용⁴ 러⁰, 니³ 타이⁴ 커⁴치⁰ 러⁰

220

不用 了，你 太 客气 了。
Bú yòng le, nǐ tài kèqi le.

➡ 괜찮아요. 너무 예의를 차리시는군요.
No, you're too kind.

🎧 219-220w

| Words |

·请客 qǐngkè 한턱내다, 대접하다 ·不用 bú yòng ～할 필요 없다 ·太…了 tài…le 너무 ～하다 ·客气 kèqi 예의가 바르다, 정중하다

1. 녹음을 듣고 단어의 빈칸을 채워 봅시다. 🎧 R11-1

① 跟 gēn [　　　　]   ② 毕业 [　　　　] 졸업하다

③ [　　　　] xiàkè 수업이 끝나다   ④ 想 xiǎng [　　　　]

⑤ [　　　　] jiéhūn [　　　　]   ⑥ [　　　　] zhǐjiào [　　　　]

2. 녹음을 듣고 문장의 빈칸을 채워 봅시다. 🎧 R11-2

① 你跟朋友 [　　　　] 做什么?

Nǐ gēn [　　　　] yìbān zuò shénme?

당신은 친구와 보통 무엇을 하나요?

② 我想做 [　　　　　　]。

Wǒ [　　　　] gōngsī zhíyuán.

저는 회사원이 되고 싶습니다.

③ 我想 [　　　] 学习, [　　　] 工作。

Wǒ xiǎng yìbiān [　　　], yìbiān [　　　].

저는 공부하면서 일하고 싶습니다.

④ 你想 [　　　　　　]?

[　　　] shénme shíhou jiéhūn?

당신은 언제 결혼하실 생각입니까?

3. 해석과 단어를 참고하여 중국어 문장을 완성해 봅시다.

① 여러분 안녕하세요. 저는 한국 사람이고 전공은 중국어입니다.

② 사진 좀 찍어 주시겠어요?

③ 알겠습니다. 어디에서 찍고 싶으세요?

④ 당신 살이 빠졌네요!

⑤ 한국 생활에 익숙해졌습니까?

⑥ 오늘은 제가 대접하겠습니다.

⎯ Hint
· **专业** zhuānyè 전공 · **照相** zhàoxiàng 사진을 찍다 · **瘦了** shòu le (살이) 빠졌다 · **习惯** xíguàn 습관이 되다, 익숙하다 · **请客** qǐngkè 한턱내다, 대접하다

문화 9 - 재미있는 중국 음식 이야기

- 불공을 드리던 부처가 담장을 뛰어넘어 올 정도로 맛있어?
- 개가 아는 척을 안 할 정도로 바쁜 가게?

포티아오창(佛跳墙 fótiàoqiáng)

'부처가 담벽을 넘는다'는 의미를 가진 '佛跳墙'은 전복, 해삼, 상어 입술, 오징어, 메추리알, 돼지나 소의 다리 힘줄 등 십여 가지의 식재료로 만든 푸젠성(福建省 Fújiàn shěng)의 유명한 음식이다.

'满坛香 mǎntánxiāng'이라고도 불리는 '佛跳墙'은 당나라의 한 스님이 푸젠성의 소림사에 가는 길에 푸저우(福州 Fúzhōu) 시에 있는 여관에서 투숙하고 있는데 담 넘어 부잣집에서 마침 '满坛香'으로 귀빈들을 초대하여 연회를 베풀고 있었다. 이때 전해지는 음식 냄새를 견디지 못하고 스님은 급기야 불공 드리는 것을 포기하고 건너가 함께 식사했다고 하여 붙여진 이름이다.

고우부리(狗不理 gǒubùlǐ)

'개(狗)가 아는 척을 안 한다'는 뜻을 가진 '狗不理'는 톈진(天津)의 유명한 만두 이름이다.

'개'라는 뜻의 '狗子(고우즈)'는 톈진에서 만두집을 운영하던 '高贵友'라는 사람의 별명이다. 그가 만두를 만들고 파느라 바쁠 때면 손님이 불러도 응대할 수 없을 때가 많았는데, 손님들은 이를 보고 '狗子(고우즈)'가 만두를 팔 때 사람을 쳐다보지도 않는다고 하여 '狗不理(개가 아는 척을 안 한다)'라는 별칭으로 부르게 된 것이 지금은 유명한 만두 이름으로 전해지게 된 것이다. '狗不理'는 밀가루, 돼지고기 등으로 만드는데 뜨거운 즙이 많이 나오기 때문에 먹을 때 입천장을 데지 않도록 주의해야 한다.

PART 12

▶ Expression 221~240 ◀

🔍 단어 미리보기

- ☑ 爬山 pá shān 등산하다
- ☐ 下雨 xià yǔ 비가 내리다
- ☐ 打工 dǎgōng 아르바이트하다
- ☐ 出差 chūchāi 출장 가다
- ☐ 飞机 fēijī 비행기
- ☐ 高铁 gāotiě 고속철도(중국식 KTX)
- ☐ 机场 jīchǎng 공항
- ☐ 帮 bāng 돕다
- ☐ 出租车 chūzūchē 택시
- ☐ 出发 chūfā 출발하다, 떠나다
- ☐ 行李 xíngli 짐, 여행 짐
- ☐ 考试 kǎoshì 시험(을 치르다)
- ☐ 开始 kāishǐ 시작하다
- ☐ 上个星期 shàng ge xīngqī 지난주
- ☐ 面试 miànshì 면접 시험(을 보다)
- ☐ 通过 tōngguò 통과하다
- ☐ 欢迎 huānyíng 환영하다
- ☐ 接 jiē 마중하다
- ☐ 回国 huí guó 귀국하다
- ☐ 送 sòng 배웅하다, 선물하다

▶ 큰 소리로 따라 읽어 봅시다. 🎧 221-222

221

밍²티엔¹ 티엔¹치⁴ 전³머º양⁴

明天 天气 怎么样?
Míngtiān tiānqì zěnmeyàng?

워³ 야오⁴ 취⁴ 파² 샨¹

我 要 去 爬山。
Wǒ yào qù pá shān.

↪ 내일 날씨가 어떤가요? 등산 가려고 하는데요.
How is the weather tomorrow? I'm going climbing.

222

팅¹슈어¹ 밍²티엔¹ 후에이⁴ 씨아⁴위³

听说 明天 会 下雨*。
Tīngshuō míngtiān huì xià yǔ.

↪ 듣자하니 내일 비가 온대요.
I heard that it will rain tomorrow.

🎧 221-222w

Words

· 爬山 pá shān 등산하다 · 听说 tīngshuō 듣자하니 · 下雨 xià yǔ 비가 내리다

★晴天 qíng tiān 맑은 날 ★阴天 yīn tiān 흐린 날 ★刮风 guā fēng 바람이 불다

▶ 큰 소리로 따라 읽어 봅시다. 🎧 223-224

223

찐¹티엔¹ 쭈어⁴ 션²머⁰
今天 做 什么?
Jīntiān   zuò   shénme?

⊙ 오늘 무엇을 하나요?
What are you doing today?

224

샹⁴우³   취⁴ 쉐²씨아오⁴, 씨아⁴우³ 취⁴ 다³꽁¹
上午 去 学校，下午 去 打工。
Shàngwǔ qù   xuéxiào,   xiàwǔ   qù   dǎgōng.

⊙ 오전에 학교에 가고 오후에는 아르바이트 갑니다.
I will go to school in the morning and do a part-time job in the afternoon.

🎧223-224w

| Words |
·上午 shàngwǔ 오전 · 学校 xuéxiào 학교 · 下午 xiàwǔ 오후 · 打工 dǎgōng 아르바이트하다

▶ 큰 소리로 따라 읽어 봅시다. 🎧 225-226

225

니³ 취⁴ 베이³징¹ 추¹차이¹ 마⁰

你 去 北京 出差* 吗?
Nǐ qù Běijīng chūchāi ma?

● 베이징으로 출장을 갑니까?
Are you on a business trip to Beijing?

226

부² 스⁴, 워³ 취⁴ 상⁴하이³ 추¹차이¹

不是, 我 去 上海 出差*。
Bú shì, wǒ qù Shànghǎi chūchāi.

● 아니요. 상하이로 출장을 갑니다.
No, I'm going to Shanghai on business.

🎧 225-226w

| Words |

· 出差 chūchāi 출장 가다

★旅行 lǚxíng 여행하다 ★留学 liúxué 유학하다

▶ 큰 소리로 따라 읽어 봅시다. 🎧 227-228

227
니³ 쭈어⁴ 페이¹지¹ 취⁴ 샹⁴하이³ 마⁰
你 坐 飞机 去 上海 吗?
Nǐ zuò fēijī qù Shànghǎi ma?

◐ 비행기를 타고 상하이에 갑니까?
Are you flying to Shanghai?

228
뿌⁴, 워³ 쭈어⁴ 까오¹티에³ 취⁴
不, 我 坐 高铁 去。
Bù, wǒ zuò gāotiě qù.

◐ 아닙니다. 고속철도를 타고 갑니다.
No, I will take high-speed train.

Tip
중국의 고속철도는 高铁와 动车 dòngchē 두 종류가 있는데, 高铁가 动车보다 약간 빠릅니다.

| Words | 🎧 227-228w |

· 坐 zuò 타다   · 飞机 fēijī 비행기   · 高铁 gāotiě 고속철도(중국식 KTX)

▶ 큰 소리로 따라 읽어 봅시다. 🎧 229-230

229

워³ 야오⁴ 취⁴ 지¹창³,　빵¹ 워³ 찌아오⁴ 추¹주¹처¹

我 要 去 机场，帮 我 叫 出租车。
Wǒ yào qù jīchǎng, bāng wǒ jiào chūzūchē.

공항에 가려고 합니다. 택시를 불러 주세요.
I'm going to the airport, help me call a taxi.

230

하오³더⁰,　지³ 디엔³ 추¹파¹

好的，几点 出发？
Hǎo de, jǐ diǎn chūfā?

알겠습니다. 몇 시에 출발하시나요?
Okay, what time are you going to leave?

🎧 229-230w

Words

· 机场 jīchǎng 공항 · 帮 bāng 돕다 · 出租车 chūzūchē 택시 · 几点 jǐ diǎn 몇 시 · 出发 chūfā 출발하다, 떠나다

▶ 큰 소리로 따라 읽어 봅시다. 🎧231-232

231
워³ 더⁰ 씽²리⁰ 짜이⁴ 날³

我 的 行李 在 哪儿?
Wǒ de xíngli zài nǎr?

➲ 내 짐은 어디에 있나요?
Where is my luggage?

232
짜이⁴ 로우²씨아⁴

在 楼下*。
Zài lóuxià.

➲ 아래층에 있습니다.
Downstairs.

🎧231-232w

| Words |

• 行李 xíngli 짐, 여행 짐 • 楼下 lóuxià 아래층

★楼上 lóushàng 위층

▶ 큰 소리로 따라 읽어 봅시다. 🎧 233-234

233

카오³싀⁴　지³　디엔³　카이¹싀³

考试* 几 点 开始*?
Kǎoshì　jǐ　diǎn　kāishǐ?

◑ 시험은 몇 시에 시작합니까?
What time does the exam begin?

234

씨아⁴우³　량³　디엔³　빤⁴　카이¹싀³

下午 两 点 半 开始*。
Xiàwǔ　liǎng diǎn bàn　kāishǐ.

◑ 오후 두 시 반에 시작합니다.
It starts at 2:30 p.m.

🎧 233-234w

Words

・考试 kǎoshì 시험(을 치르다)・开始 kāishǐ 시작하다・两点半 liǎng diǎn bàn 두 시 반

★会议 huìyì 회의 / 结束 jiéshù 끝나다

▶ 큰 소리로 따라 읽어 봅시다. 🎧 235-236

235

상⁴ 거⁰ 씽¹ 치¹ 더⁰ 미엔⁴스⁴ 전³머⁰양⁴
上 个 星 期 的 面试 怎么样?
Shàng ge xīngqī de miànshì zěnmeyàng?

➡ 지난주 면접 시험은 어땠습니까?
How was the interview last week?

236
통¹구어⁴ 러⁰
通过 了。
Tōngguò le.

➡ 합격했습니다.
I passed the interview.

Words   🎧 235-236w

· 上个星期 shàng ge xīngqī 지난주 · 面试 miànshì 면접 시험(을 보다) · 通过 tōngguò 통과하다

▶ 큰 소리로 따라 읽어 봅시다. 🎧237-238

237

환¹잉² 니³ 라이² 한²구어²

欢迎 你 来 韩国。
Huānyíng nǐ lái Hánguó.

➲ 한국에 오신 것을 환영합니다.
Welcome to Korea.

238

씨에⁴씨에⁰ 닌² 라이² 지에¹ 워³

谢谢 您 来 接 我。
Xièxie nín lái jiē wǒ.

➲ 마중 나와 주셔서 감사합니다.
Thank you for picking me up.

🎧237-238w

Words

· 欢迎 huānyíng 환영하다 · 接 jiē 마중하다

▶ 큰 소리로 따라 읽어 봅시다. 🎧 239-240

239

니³ 션²머⁰ 스²호우⁰ 후에이² 구어², 워³ 쏭⁴ 니³

你 什么 时候 回国， 我 送 你。

Nǐ shénme shíhou huí guó, wǒ sòng nǐ.

➡ 언제 귀국하나요. 제가 배웅하겠습니다.

When will you return, I will see you off.

240

밍²티엔¹ 씨아⁴우³ 후에이² 구어², 씨에⁴씨에⁰

明天 下午 回国， 谢谢。

Míngtiān xiàwǔ huí guó, xièxie.

➡ 내일 오후 귀국합니다. 감사합니다.

I'll be back tomorrow afternoon. Thank you.

Words 🎧 239-240w

· 回国 huí guó 귀국하다 · 送 sòng 배웅하다, 선물하다

1. 녹음을 듣고 단어의 빈칸을 채워 봅시다. 🎧 R12-1

① [　　　　] tīngshuō　듣자하니 　　② 上午 [　　　　] 오전

③ 出差　chūchāi [　　　　] 　　④ [　　　　] fēijī　비행기

⑤ [　　　　] chūzūchē 　　⑥ [　　　　] [　　　　] 시작하다

2. 녹음을 듣고 문장의 빈칸을 채워 봅시다. 🎧 R12-2

① 听说明天 [　　　　] 。

　　Tīngshuō [　　　　] huì xià yǔ.

　　듣자하니 내일 비가 온대요.

② 你去 [　　　　] 吗?

　　[　　　　] Běijīng chūchāi ma?

　　베이징으로 출장을 갑니까?

③ 你 [　　　　] 去上海吗?

　　Nǐ zuò fēijī [　　　　] ma?

　　비행기를 타고 상하이에 갑니까?

④ 我要去机场, [　　　　] 。

　　[　　　　] , bāng wǒ jiào chūzūchē.

　　공항에 가려고 합니다. 택시를 불러 주세요.

3. 해석과 단어를 참고하여 중국어 문장을 완성해 봅시다.

① 아니요. 상하이로 출장을 갑니다.

② 내 짐은 어디에 있나요?

③ 시험은 몇 시에 시작합니까?

④ 합격했습니다.

⑤ 한국에 오신 것을 환영합니다.

⑥ 언제 귀국하나요. 제가 배웅하겠습니다.

─ Hint
行李 xíngli 짐, 여행 짐 · 考试 kǎoshì 시험(을 치르다) · 通过 tōngguò 통과하다 · 欢迎 huānyíng 환영하다 · 回国 huí guó 귀국하다 · 送 sòng 배웅하다, 선물하다

문화 10 - 까오카오(高考: 한국의 수능) 문화

- 중국의 까오카오는 일생일대 사생결단의 시험!
- 시험 전 호텔에서 공부하는 중국 고교생들!
- 시험 당일 공사 중단, 경찰이 동원되는 분위기 한국과 비슷!

중국에서 한국의 수능에 해당하는 시험은 '普通高等学校招生全国统一考试(The National College Entrance Examination)'이며, 줄여서 '까오카오(高考 gāokǎo)'라고 한다. 매년 6월 7일, 8일 이틀 간 진행되는 까오카오는 중국 고등학생이 대학교에 입학하기 위해 반드시 통과해야만 하는 가장 중요한 관문이다. 2018년에도 975만 명의 학생이 응시했을 만큼 해마다 많은 학생들이 까오카오에 응시한다.

까오카오는 한국의 수능과 마찬가지로 너무나 중요한 일생일대의 시험이기 때문에 수험생이 있는 많은 학부모들은 시험 전에 자녀들을 위해 호텔을 예약하고 수험생에게 호텔에서 공부시키는 경우도 많다고 한다.

까오카오가 치러지는 당일에는 많은 학부모들이 아예 시험장 밖에서 텐트를 치고 시험이 끝날 때까지 기다리기도 한다. 까오카오에 대한 시험 감독 역시 엄격하게 진행되어 시험장 곳곳에 감시카메라가 설치되어 있으며, 부정행위를 하다가 적발되면 최대 7년까지 징역에 처할 수 있다. 또한 우리나라와 마찬가지로 까오카오

당일에는 모든 공사 현장의 작업이 중단되고 교통 경찰들이 총동원되어 시간에 쫓기는 수험생들을 호송해 주기도 한다. 중국 학생들에게 대학교 수학능력 시험인 까오카오는 일생일대 사생결단의 시험인 것은 틀림없다.

PART 13

▶ Expression 241~260 ◀

🔍 단어 미리보기

- ☑ 生日 shēngrì 생일
- ☐ 礼物 lǐwù 선물
- ☐ 今天 jīntiān 오늘
- ☐ 几 jǐ 몇
- ☐ 上课 shàngkè 수업을 하다
- ☐ 星期几 xīngqī jǐ 무슨 요일
- ☐ 给 gěi ~에게
- ☐ 打电话 dǎ diànhuà 전화를 하다
- ☐ 等 děng 기다리다
- ☐ 喝 hē 마시다
- ☐ 热水 rèshuǐ 뜨거운 물
- ☐ 最近 zuìjìn 요즘
- ☐ 准备 zhǔnbèi 준비하다
- ☐ 要 yào ~하려고 하다
- ☐ 买 mǎi 사다
- ☐ 衣服 yīfu 옷
- ☐ 百货商场 bǎihuò shāngchǎng 백화점
- ☐ 有 yǒu 있다
- ☐ 朋友 péngyou 친구
- ☐ 留学生 liúxuéshēng 유학생

▶ 큰 소리로 따라 읽어 봅시다. 🎧 241-242

241

쩌⁴ 싀⁴ 션²머⁰

这 是 什么?

Zhè shì shénme?

➡ 이것은 무엇입니까?

What is this?

242

쩌⁴ 싀⁴ 니³ 더⁰ 셩¹리⁴ 리³우⁴

这 是 你 的 生日 礼物。

Zhè shì nǐ de shēngrì lǐwù.

➡ 이것은 당신의 생일 선물입니다.

It is your birthday present.

🎧 241-242w

Words

· 生日 shēngrì 생일 · 礼物 lǐwù 선물

▶ 큰 소리로 따라 읽어 봅시다. 🎧243-244

243

찐¹티엔¹ 지³ 위에⁴ 지³ 하오⁴

今天 几 月 几 号?

Jīntiān jǐ yuè jǐ hào?

➲ 오늘은 몇 월 며칠입니까?
What's the date today?

244

찐¹티엔¹ 싀² 위에⁴ 이¹ 하오⁴

今天 十 月 一 号。

Jīntiān shí yuè yī hào.

➲ 오늘은 10월 1일입니다.
It is October 1st.

Words 🎧243-244w

·今天 jīntiān 오늘 ·几 jǐ 몇 ·月 yuè 월 ·号 hào 일

▶ 큰 소리로 따라 읽어 봅시다. 🎧245-246

245

니³ 지³ 디엔³ 샹⁴커⁴

你 几 点 上课*?
Nǐ jǐ diǎn shàngkè?

➤ 당신은 몇 시에 수업을 합니까?
What time does your class begin?

246

샹⁴우³ 싀² 디엔³ 샹⁴커⁴

上午 十点 上课*。
Shàngwǔ shí diǎn shàngkè.

➤ 오전 10시에 수업을 합니다.
My class begins at 10 o'clock.

🎧245-246w

Words

· 上课 shàngkè 수업을 하다 · 上午 shàngwǔ 오전

★回家 huí jiā 귀가하다 ★下课 xiàkè 수업이 끝나다 ★上班 shàngbān 출근하다

▶ 큰 소리로 따라 읽어 봅시다. 🎧247-248

247
얼⁴링²이¹지우³ 니엔²　이¹ 위에⁴　이¹ 하오⁴　씽¹ 치¹ 지³

二零一九年 一月 一号 星期几?

Èr líng yī jiǔ nián　yī yuè　yī hào　xīngqī jǐ?

➡ 2019년 1월 1일은 무슨 요일입니까?
What day is January 1, 2019?

248
얼⁴링²이¹지우³ 니엔²　이¹ 위에⁴ 이¹ 하오⁴　씽¹치¹얼²

二零一九年 一月 一号 星期二。

Èr líng yī jiǔ nián　yī yuè　yī hào　xīngqī'èr.

➡ 2019년 1월 1일은 화요일입니다.
January 1, 2019 is Tuesday.

| Words | 🎧247-248w |

· 星期几 xīngqī jǐ 무슨 요일 · 星期二 xīngqī'èr 화요일

Expression 249-252

▶ 큰 소리로 따라 읽어 봅시다. 🎧 249-250

249

밍²티엔¹ 워³ 게이³ 니³ 다³ 띠엔⁴화⁴

明天 我 给 你 打 电话*。

Míngtiān wǒ gěi nǐ dǎ diànhuà.

↪ 내일 내가 당신에게 전화할게요.
I'll call you tomorrow.

250

하오³, 워³ 덩³ 니³ 띠엔⁴화⁴

好, 我 等 你 电话*。

Hǎo, wǒ děng nǐ diànhuà.

↪ 네, 전화 기다리겠습니다.
I'll wait for your call.

🎧 249-250w

Words

· 给 gěi ～에게 · 打电话 dǎ diànhuà 전화를 하다 · 等 děng 기다리다

★ 发短信 fā duǎnxìn 문자 메시지를 보내다 / 短信 duǎnxìn 문자 메시지

192

▶ 큰 소리로 따라 읽어 봅시다. 🎧 251-252

251

니³ 씨앙³ 허¹ 션²머⁰

你 想 喝 什么?
Nǐ xiǎng hē shénme?

➡️ 당신은 무엇을 마시고 싶습니까?
What do you want to drink?

252

워³ 씨앙³ 허¹ 르어⁴슈에이³

我 想 喝 热水*。
Wǒ xiǎng hē rèshuǐ.

➡️ 나는 뜨거운 물을 마시고 싶습니다.
I want to drink hot water.

Words 🎧 251-252w

· 喝 hē 마시다 · 热水 rèshuǐ 뜨거운 물

★ 可乐 kělè 콜라 ★ 奶茶 nǎichá 밀크티

Expression 253-256

▶ 큰 소리로 따라 읽어 봅시다. 🎧 253-254

253

니³ 쭈에이⁴찐⁴ 쭈어⁴ 션²머⁰

你 最近 做 什么?

Nǐ zuìjìn zuò shénme?

➡ 당신은 요즘 무엇을 합니까?
How is it going these days?

254

쭈에이⁴찐⁴ 준³뻬이⁴ 카오³스⁴

最近 准备 考试。

Zuìjìn zhǔnbèi kǎoshì.

➡ 나는 요즘 시험 준비를 합니다.
I've recently prepared for the exam.

🎧 253-254w

Words

· 最近 zuìjìn 요즘 · 做 zuò 하다 · 准备 zhǔnbèi 준비하다 · 考试 kǎoshì 시험(을 치르다)

▶ 큰 소리로 따라 읽어 봅시다. 🎧 255-256

255

니³ 야오⁴ 마이³ 션²머⁰

你要买什么?

Nǐ yào mǎi shénme?

➲ 당신은 무엇을 사려고 합니까?
What do you want to buy?

256

워³ 야오⁴ 마이³ 이¹푸⁰

我要买衣服。

Wǒ yào mǎi yīfu.

➲ 나는 옷을 사려고 합니다.
I want to buy some clothes.

Words 🎧 255-256w

·要 yào ～하려고 하다 · 买 mǎi 사다 · 衣服 yīfu 옷

▶ 큰 소리로 따라 읽어 봅시다. 🎧 257-258

257

니³ 야오⁴ 취⁴ 날³

你 要 去 哪儿?
Nǐ yào qù nǎr?

➡ 당신은 어디에 가려고 합니까?
Where do you like to go?

258

워³ 야오⁴ 취⁴ 바이³후어⁴ 샹¹창³

我 要 去 百货 商场。
Wǒ yào qù bǎihuò shāngchǎng.

➡ 나는 백화점에 가려고 합니다.
I want to go a department store.

🎧 257-258w

Words

・去 qù 가다 ・哪儿 nǎr 어디 ・百货商场 bǎihuò shāngchǎng 백화점

▶ 큰 소리로 따라 읽어 봅시다. 🎧259-260

259

니³ 요우³ 쭝¹구어² 펑²요우⁰ 마⁰

你 有 中国 朋友 吗?
Nǐ yǒu Zhōngguó péngyou ma?

➲ 당신은 중국 친구가 있습니까?
Do you have any Chinese friends?

260

요우³, 타¹ 싀⁴ 워³먼⁰ 쉐²씨아오⁴ 더⁰ 리우²쉐²셩¹

有, 他 是 我们 学校 的 留学生*。
Yǒu, tā shì wǒmen xuéxiào de liúxuéshēng.

➲ 있습니다. 그는 우리 학교 유학생입니다.
Yes I have, he is a foreign student in our school.

Words   🎧259-260w

·有 yǒu 있다 ·朋友 péngyou 친구 ·留学生 liúxuéshēng 유학생

★交换学生 jiāohuàn xuésheng 교환 학생

1. 녹음을 듣고 단어의 빈칸을 채워 봅시다. 🎧 R13-1

① [ ] lǐwù   선물   ② 星期二 [ ]   화요일

③ 打电话 dǎ diànhuà [ ]   ④ 等 [ ]   기다리다

⑤ [ ] rèshuǐ [ ]   ⑥ [ ] [ ]   준비하다

2. 녹음을 듣고 문장의 빈칸을 채워 봅시다. 🎧 R13-2

① [ ] 是什么?

Zhè shì [ ] ?

이것은 무엇입니까?

② [ ] 上课。

Shàngwǔ shí diǎn [ ] .

오전 10시에 수업을 합니다.

③ 二零一九年一月一号 [ ] 。

[ ] nián yī yuè yī hào xīngqī'èr.

2019년 1월 1일은 화요일입니다.

④ [ ] 。

Míngtiān wǒ gěi nǐ [ ] .

내일 내가 당신에게 전화할게요.

3. 해석과 단어를 참고하여 중국어 문장을 완성해 봅시다.

① 네, 전화 기다리겠습니다.

② 당신은 무엇을 마시고 싶습니까?

③ 당신은 요즘 무엇을 합니까?

④ 나는 옷을 사려고 합니다.

⑤ 당신은 어디에 가려고 합니까?

⑥ 당신은 중국 친구가 있습니까?

─ Hint
喝 hē 마시다 · **最近** zuìjìn 요즘 · **衣服** yīfu 옷 · **哪儿** nǎr 어디 · **有** yǒu 있다 · **朋友** péngyou 친구

문화 11 - 중국의 애완동물 사랑

- 애완동물은 내 삶의 동반자!

- 급속히 증가하는 애완 시장

- 애완동물을 기르는 사람 1명당 연 5000위안 소비 시대

우리나라와 마찬가지로 중국의 애완동물 시장의 규모도 갈수록 커지고 있다.

다른 나라와 달리 중국의 애완동물 사랑은 한 가구 한 자녀 정책 때문에 나타난 현상이다. 하나밖에 없는 자녀가 커서 학업 혹은 일을 위해 다른 도시로 떠나고 나면 홀로 남은 부모들에게 애완 동물은 자녀들의 빈자리를 대신해 외로움을 달랠 수 있는 가장 좋은 대상이었다. 조사에 의하면 절반 이상의 사람들이 애완동물 을 자식처럼 생각하고 80%에 달하는 사람들은 애완동물을 삶의 동반자로 여긴다고 한다.

2017년 중국은 인구의 노령화 및 가정과 결혼의 구조적 변화로 인 해 애완동물을 기르는 비율이 전년보다 2%나 성장하였고 중국인 들이 기르는 개와 고양이 숫자는 거의 9억 마리에 달하는 것으로 나타났다. 애완동물을 기르는 사람의 증가로 인해 2018년에는 애완동물 관련 소비가 1708억 위안에 달 했으며, 이는 전년(1340억 위안) 대비 27%가 성장한 수치로 애완동물 용품, 관련 서비스와 소비 규모도 날로 증가하고 있음을 알 수 있다.

재미있는 것은 애완 시장의 소비를 주도하는 층이 8, 90년 이후에 태어난 사람[빠링호우(80后), 지우링 호우(90后)]들이며, 이들 중 적지 않은 사람들이 아이를 낳는 것보다 애완동물을 키우는 것이 돈이 더 적 게 들어간다는 이유에서 애완동물 키우는 것을 선택한다는 것이다.

PART 14

Expression 261~280

🔍 단어 미리보기

- ☑ 喜欢 xǐhuan 좋아하다
- ☐ 明星 míngxīng 스타
- ☐ 电视剧 diànshìjù 드라마
- ☐ 现在 xiànzài 지금
- ☐ 写 xiě 쓰다
- ☐ 作业 zuòyè 과제, 숙제
- ☐ 老家 lǎojiā 고향 (집)
- ☐ 点 diǎn 주문하다
- ☐ 泡菜汤 pàocàitāng 김치찌개
- ☐ 怎么了 zěnme le 어떻게 된 거야
- ☐ 感冒 gǎnmào 감기 걸리다
- ☐ 吃药 chī yào 약을 먹다
- ☐ 还没 hái méi 아직 ~하지 않다
- ☐ 医院 yīyuàn 병원
- ☐ 贸易 màoyì 무역
- ☐ 公司 gōngsī 회사
- ☐ 火车 huǒchē 기차
- ☐ 票 piào 표
- ☐ 听说 tīngshuō 듣자하니
- ☐ 留学 liúxué 유학하다

▶ 큰 소리로 따라 읽어 봅시다. 🎧 261-262

261

니³ 시³환⁰ 나³거⁰ 밍²씽¹

你 喜欢 哪个 明星?
Nǐ xǐhuan nǎge míngxīng?

➲ 당신은 어느 배우를 좋아합니까?
Which movie star do you like?

262

워³ 시³환⁰ 장¹ 쯔³이²

我 喜欢 章子怡*。
Wǒ xǐhuan Zhāng Zǐyí.

➲ 나는 장쯔이를 좋아합니다.
I like Zhang Ziyi.

🎧 261-262w

Words

· 喜欢 xǐhuan 좋아하다 · 明星 míngxīng 스타 · 章子怡 Zhāng Zǐyí 장쯔이(중국 여배우 이름)

★ 刘亦菲 Liú Yìfēi 리우이페이 ★ 汤唯 Tāng Wéi 탕웨이

▶ 큰 소리로 따라 읽어 봅시다. 🎧263-264

263

니³ 시³환⁰ 칸⁴ 띠엔⁴시⁴쮜⁴ 마⁰
你 喜欢 看 电视剧* 吗?
Nǐ xǐhuan kàn diànshìjù   ma?

❷ 당신은 드라마 보는 것을 좋아합니까?
Do you enjoy watching TV dramas?

264

워³ 헌³ 시³환⁰ 칸⁴ 띠엔⁴시⁴쮜⁴
我 很 喜欢 看 电视剧*。
Wǒ hěn xǐhuan kàn diànshìjù.

❷ 나는 드라마 보는 것을 좋아합니다.
I enjoy watching TV dramas.

Words 🎧263-264w

· 看 kàn 보다 · 电视剧 diànshìjù 드라마

★ 音乐剧 yīnyuèjù 뮤지컬 ★ 电影 diànyǐng 영화

▶ 큰 소리로 따라 읽어 봅시다. 🎧 265-266

265

씨엔⁴짜이⁴ 니³ 쭈어⁴ 션²머⁰

现在 你做什么?
Xiànzài nǐ zuò shénme?

➡ 지금 당신은 무엇을 합니까?
What are you doing now?

266

씨엔⁴짜이⁴ 워³ 씨에³ 쭈어⁴이에⁴

现在 我写 作业。
Xiànzài wǒ xiě zuòyè.

➡ 지금 나는 숙제를 합니다.
I'm doing my homework.

🎧 265-266w

Words

· 现在 xiànzài 지금 · 写 xiě 쓰다 · 作业 zuòyè 과제, 숙제

▶ 큰 소리로 따라 읽어 봅시다. 🎧267-268

267
니³ 더⁰ 라오³지아¹ 짜이⁴ 날³

你的老家 在 哪儿?
Nǐ de lǎojiā zài nǎr?

⊙ 당신의 고향은 어디입니까?
Where is your hometown?

268
워³ 더⁰ 라오³지아¹ 짜이⁴ 푸³샨¹

我的老家 在 釜山*。
Wǒ de lǎojiā zài Fǔshān.

⊙ 내 고향 집은 부산에 있습니다.
My hometown is Busan.

Words 🎧267-268w

· 老家 lǎojiā 고향 (집) · 在哪儿 zài nǎr 어디에 있습니까? · 釜山 Fǔshān 부산

★光州 Guāngzhōu 광주 ★济州岛 Jìzhōudǎo 제주도

▶ 큰 소리로 따라 읽어 봅시다. 🎧 269-270

269

니³ 야오⁴ 디엔³ 션²머⁰ 차이⁴

你要点什么菜?
Nǐ yào diǎn shénme cài?

➡ 어떤 요리를 주문하시겠습니까?
What would you like to order?

270

워³ 야오⁴ 디엔³ 이² 거⁰ 파오⁴차이⁴탕¹

我要点一个泡菜汤*。
Wǒ yào diǎn yí ge pàocàitāng.

➡ 김치찌개 하나를 주문하겠습니다.
I like a Kimchi soup.

🎧 269-270w

| Words |

· 点 diǎn 주문하다 · 菜 cài 요리 · 泡菜汤 pàocàitāng 김치찌개

★石锅拌饭 shíguō bànfàn 돌솥비빔밥 ★紫菜包饭 zǐcài bāofàn 김밥

▶ 큰 소리로 따라 읽어 봅시다. 🎧 271-272

271

니³ 전³머 러⁰

你 怎 么 了?
Nǐ zěnme le?

◑ 왜 그러세요(어디가 아프신가요)?
Is there anything wrong?

272

워³ 간³마오⁴ 러⁰

我 感 冒 了。
Wǒ gǎnmào le.

◑ 감기 걸렸어요.
I catch a cold.

Words   🎧 271-272w

· 怎么了 zěnme le 어떻게 된 거야 · 感冒 gǎnmào 감기 걸리다 · 了 le 상태의 변화나 동작의 완료를 나타내
는 어기조사

▶ 큰 소리로 따라 읽어 봅시다. 🎧 273-274

273

니³ 최¹ 야오⁴ 러⁰ 마⁰

你 吃 药 了 吗?
Nǐ chī yào le ma?

● 약은 먹었나요?
Did you take the medicine?

274

하이² 메이², 씨아⁴우³ 취⁴ 이¹위엔⁴

还 没, 下午 去 医院。
Hái méi, xiàwǔ qù yīyuàn.

● 아직 안 먹었어요. 오후에 병원에 가려고 해요.
Not yet, I'll go to see a doctor this afternoon.

> **Tip**
> 还는 '아직'이라는 뜻의 부사로 부정사 没와 함께 쓰여 '아직 ~하지 않다'라는 의미입니다. 여기서는 뒤에 吃라는 동사가 생략되었습니다.

Words 🎧 273-274w

· 吃药 chī yào 약을 먹다 · 还没 hái méi 아직 ~하지 않다 · 医院 yīyuàn 병원

▶ 큰 소리로 따라 읽어 봅시다. 🎧275-276

275

니³ 짜이⁴ 날³ 꽁¹쭈어⁴
你 在 哪儿 工作?
Nǐ　zài　nǎr　gōngzuò?

➡ 당신은 어디에서 일하십니까?
Where do you work?

276

워³ 짜이⁴ 마오⁴이⁴ 꽁¹쓰¹ 꽁¹쭈어⁴
我 在 贸易 公司* 工作。
Wǒ　zài　màoyì　gōngsī　gōngzuò.

➡ 저는 무역 회사에서 일합니다.
I work for a trading company.

| Words | 🎧275-276w |

· 在 zài ~에서 · 工作 gōngzuò 일하다, 일 · 贸易 màoyì 무역 · 公司 gōngsī 회사

★银行 yínháng 은행 ★电脑公司 diànnǎo gōngsī 컴퓨터 회사

▶ 큰 소리로 따라 읽어 봅시다. 🎧277-278

277

취⁴ 베이³징¹ 더⁰ 후어³처¹피아오⁴ 뚜어¹샤오⁰ 치엔²

去 北京 的 火车票 多少 钱?
Qù Běijīng de huǒchēpiào duōshao qián?

◑ 베이징에 가는 기차표가 얼마입니까?
How much is the train ticket to Beijing?

278

이⁴ 장¹ 싼¹바이³ 우³스² 콰이⁴

一张 三百 五十 块。
Yì zhāng sānbǎi wǔshí kuài.

◑ 표 한 장에 350위안입니다.
350 yuan for one.

🎧277-278w

| Words |

·去 qù 가다 · 火车 huǒchē 기차 · 票 piào 표 · 张 zhāng 종이를 세는 양사

▶ 큰 소리로 따라 읽어 봅시다. 🎧279-280

279

팅¹슈어¹ 니³ 야오⁴ 취⁴ 쭝¹구어² 리우²쉐², 쓰⁴ 마⁰

听说 你 要 去 中国 留学, 是 吗?
Tīngshuō nǐ yào qù Zhōngguó liúxué, shì ma?

◉ 듣자하니, 중국으로 유학 간다고 하던데, 맞나요?
I heard that you're going to study in China, are you?

280

쓰⁴, 씨아⁴ 거⁰ 쉐²치¹ 취⁴ 샨¹똥¹

是, 下 个 学期 去 山东。
Shì, xià ge xuéqī qù Shāndōng.

◉ 그렇습니다. 다음 학기에 산동으로 갑니다.
Yes, I am going to study in Shandong next semester.

| Words | 🎧279-280w |

· 听说 tīngshuō 듣자하니 · 留学 liúxué 유학하다 · 下个学期 xià ge xuéqī 다음 학기 · 山东 Shāndōng 산동성(중국의 지역 이름)

1. 녹음을 듣고 단어의 빈칸을 채워 봅시다. 🎧 R14-1

① [ ] míngxīng 스타

② 电视剧 diànshìjù [ ]

③ 作业 zuòyè [ ]

④ [ ] lǎojiā 고향 (집)

⑤ [ ] zěnme le [ ]

⑥ [ ] [ ] 약을 먹다

2. 녹음을 듣고 문장의 빈칸을 채워 봅시다. 🎧 R14-2

① 你喜欢 [ ] 明星?

Nǐ [ ] nǎge míngxīng?

당신은 어느 배우를 좋아합니까?

② 我很喜欢看 [ ] 。

[ ] xǐhuan kàn diànshìjù.

나는 드라마 보는 것을 좋아합니다.

③ 现在我 [ ] 。

[ ] wǒ xiě zuòyè.

지금 나는 숙제를 합니다.

④ [ ] 。

Wǒ de lǎojiā [ ] .

내 고향 집은 부산에 있습니다.

3. 해석과 단어를 참고하여 중국어 문장을 완성해 봅시다.

① 어떤 요리를 주문하시겠습니까?

② 왜 그러세요(어디가 아프신가요)?

③ 아직 안 먹었어요. 오후에 병원에 가려고 해요.

④ 당신은 어디에서 일하십니까?

⑤ 베이징에 가는 기차표가 얼마입니까?

⑥ 듣자하니, 중국으로 유학 간다고 하던데, 맞나요?

─ Hint

点 diǎn 주문하다　菜 cài 요리　还没 hái méi 아직 ~하지 않다　在 zài ~에서　工作 gōngzuò 일하다　听说 tīngshuō 듣자하니　留学 liúxué 유학하다

- 두부 먹지 말아 줘!

- 오징어 볶지 말아 줘!

吃豆腐 [chī dòufu] 두부를 먹다=여자를 희롱하다

서한(西漢) 시기 유방의 손자 회남왕(淮南王) 유안(劉安)이 늙지 않는 약(不老之药)을 구하던 중 우연히 만들게 된 두부는 몸에 좋다는 소문이 나서 금세 많은 백성들이 즐겨 먹는 먹거리가 되었다. 당시 네모난 조각으로 썰어 파는 두부 상점이 많이 생겨났는데 그중 두부 파는 한 아낙네의 미모가 너무 예뻐서 주변 사람들은 그 아낙네를 중국 고대 최고 미녀의 이름인 서시(西施)를 붙여서 '두부서시(豆腐西施)'라고 불렀다. 이 '두부서시'도 은근히 자신의 미모를 이용해 주변 남자 손님들을 불러들였고 남자 손님들은 그녀의 가게에서 두부를 먹으면서 서로가 추파를 던졌다고 한다. 남자들의 인기가 좋아지자 시샘이 난 아낙네들이 '당신 오늘 또 두부 먹으러 갈 거예요?'라면서 자신의 남편에게 바가지를 긁었는데, 이런 연유로 '吃豆腐'는 진짜로 두부를 먹는 것이 아니라 남자들이 여자를 집적거리는 의미로 발전되었다.

炒鱿鱼 [chǎo yóuyú] 오징어를 볶다=해고하다

'炒鱿鱼'는 중국어로 '오징어를 볶다'라는 의미이다. 과거에 함께 숙식하면서 일을 하던 노동자가 해고를 당하면 기숙사에서 자신이 덮던 담요를 둘둘 말아 가지고 집으로 돌아가야 했다. 이렇게 이불을 둘둘 마는 모습이 마치 오징어를 불에 볶을 때 오징어가 동그랗게 말리는 모습과 비슷하다고 생각했다. 이후 사람들이 해고를 당하면 '오징어를 볶다'라는 말로 이불 말아서 집으로 돌아가야 한다는 말을 대신하였고, 이후 '炒鱿鱼'는 '해고하다'라는 의미로 발전하였다.

PART 15

Expression 281~300

🔍 **단어 미리보기**

- ☑ 夏天 xiàtiān 여름
- ☐ 旅行 lǚxíng 여행하다
- ☐ 学 xué 배우다
- ☐ 多长时间 duōcháng shíjiān (시간이) 얼마나 오래, 얼마 동안
- ☐ 回家 huí jiā 귀가하다
- ☐ 以后 yǐhòu 이후
- ☐ 春节 Chūnjié 춘절, 음력설
- ☐ 家人 jiārén 가족
- ☐ 找到 zhǎodào 찾았다
- ☐ 恭喜 gōngxǐ 축하하다
- ☐ 运气 yùnqi 운
- ☐ 非常 fēicháng 대단히
- ☐ 哪里哪里 nǎli nǎli 천만에요(겸손의 뜻)
- ☐ 每天 měitiān 매일
- ☐ 怎么 zěnme 어떻게(방법을 물어봄)
- ☐ 新年 xīnnián 새해
- ☐ 快乐 kuàilè 즐겁다
- ☐ 有意思 yǒu yìsi 재미있다
- ☐ 觉得 juéde ~라고 여기다
- ☐ 辛苦 xīnkǔ 수고하다

▶ 큰 소리로 따라 읽어 봅시다. 🎧281-282

281

씨아⁴티엔¹   니³먼⁰   취⁴   날³   뤼³씽²

夏天　 你们 去 哪儿 旅行?

Xiàtiān　nǐmen　qù　nǎr　lǚxíng?

→ 여름에 당신들은 어디로 여행을 갑니까?
Where are you going to travel in summer?

282

씨아⁴티엔¹   워³먼⁰   취⁴   씨앙¹강³   뤼³씽²

夏天　 我们 去 香港* 旅行。

Xiàtiān　wǒmen　qù　Xiānggǎng lǚxíng.

→ 여름에 우리는 홍콩으로 여행을 갑니다.
We are going to travel in Hong Kong in summer.

🎧281-282w

Words

· 夏天 xiàtiān 여름 · 旅行 lǚxíng 여행하다 · 香港 Xiānggǎng 홍콩

★上海 Shànghǎi 상하이, 상해 ★清岛 Qīngdǎo 칭다오, 청도

283

니³ 쉐² 한⁴위³ · 뚜어¹창² 싀²지엔¹ 러⁰

你 学 汉语 多长 时间 了?
Nǐ xué Hànyǔ duōcháng shíjiān le?

➡ 당신은 중국어를 배운 지 얼마나 되었나요?
How long have you been learning Chinese?

284

워³ 쉐² 한⁴위³ 이⁴ 니엔² 러⁰

我 学 汉语 一年 了。
Wǒ xué Hànyǔ yì nián le.

➡ 중국어를 배운 지 1년이 되었습니다.
I've been learning Chinese for one year.

| Words | 🎧283-284w |

· 学 xué 배우다 · 汉语 Hànyǔ 중국어 · 多长时间 duōcháng shíjiān (시간이) 얼마나 오래, 얼마 동안

▶ 큰 소리로 따라 읽어 봅시다. 🎧 285-286

285

후에이² 지아¹ 이³호우⁴,   니³   야오⁴   쭈어⁴ 션³머⁰

回家* **以后,你要 做什么?**
Huí jiā   yǐhòu,   nǐ yào zuò shénme?

↩ 집으로 돌아간 후 당신은 무엇을 할 것입니까?
What will you do after you go home?

286

후에이² 지아¹ 이³호우⁴,   워³ 씨앙³ 시우¹시⁰ 시우¹시⁰

回家* **以后,我 想 休息休息。**
Huí jiā   yǐhòu,   wǒ xiǎng xiūxi   xiūxi.

↩ 집으로 돌아온 후에 나는 좀 쉬고 싶습니다.
I'd like to get some rest after I get home.

🎧 285-286w

Words

· 回家 huí jiā 귀가하다 · 以后 yǐhòu 이후 · 想 xiǎng ~하고 싶다 · 休息 xiūxi 휴식하다

★ 下班 xiàbān 퇴근하다

▶ 큰 소리로 따라 읽어 봅시다. 🎧 287-288

287

춘¹지에² 니³면⁰ 쭈어⁴ 션²머⁰
春节* 你们 做 什么?
Chūnjié nǐmen zuò shénme?

▶ 여러분은 설에 무엇을 합니까?
What do you do on the Lunar New Year's day?

288

춘¹지에² 워³면⁰ 취⁴ 칸⁴ 지아¹런²
春节* 我们 去 看 家人。
Chūnjié wǒmen qù kàn jiārén.

▶ 우리는 설에 가족들을 보러 갑니다.
We go to see our family on the Lunar New Year's day.

| Words | 🎧 287-288w |

· 春节 Chūnjié 춘절, 음력설 · 看 kàn 보다 · 家人 jiārén 가족

★ 劳动节 Láodòngjié 노동절 ★ 国庆节 Guóqìngjié 국경절 ★ 端午节 Duānwǔjié 단오절

▶ 큰 소리로 따라 읽어 봅시다. 🎧 289-290

289

팅¹슈어¹ 니³ 자오³따오⁴ 꽁¹쭈어⁴ 러⁰,   꽁¹시³ 꽁¹시³

听说 你 找到 工作 了，恭喜恭喜。

Tīngshuō nǐ zhǎodào gōngzuò le,   gōngxǐ gōngxǐ.

🔄 취직했다고 들었습니다. 축하합니다.

I heard that you got a job, congratulations.

290

씨에⁴씨에⁰,   윈⁴치⁰   하오³

谢谢，运气 好。

Xièxie,   yùnqi   hǎo.

🔄 감사합니다. 운이 좋았습니다.

Thank you. I was lucky.

🎧 289-290w

Words

· 听说 tīngshuō 듣자하니 · 找到 zhǎodào 찾았다 · 恭喜 gōngxǐ 축하하다 · 运气 yùnqi 운

▶ 큰 소리로 따라 읽어 봅시다. 🎧291-292

291

니³ 더⁰ 한⁴위³ 페이¹창² 하오³

你 的 汉语 非常 好。
Nǐ de Hànyǔ fēicháng hǎo.

➡ 당신은 중국어를 참 잘하는군요.
Your Chinese is very good.

292

나³리⁰ 나³리⁰

哪里哪里。
Nǎli nǎli.

➡ 천만에요.
You're welcome.

Words   🎧291-292w

· 非常 fēicháng 대단히 · 哪里哪里 nǎli nǎli 천만에요(겸손의 뜻)

▶ 큰 소리로 따라 읽어 봅시다. 🎧 293-294

293

니³ 메이³티엔¹ 전³머⁰ 샹⁴쉐²

你 每天 怎么 上学?
Nǐ měitiān zěnme shàngxué?

➡ 당신은 매일 어떻게 학교에 갑니까?
How do you go to school everyday?

294

워³ 메이³티엔¹ 쭈어⁴ 띠⁴티에³ 샹⁴쉐²

我 每天 坐 地铁*上学。
Wǒ měitiān zuò dìtiě shàngxué.

➡ 나는 매일 지하철을 타고 학교에 갑니다.
I take the subway to school everyday.

🎧 293-294w

| Words |

· 每天 měitiān 매일 · 怎么 zěnme 어떻게(방법을 물어봄) · 上学 shàngxué 등교하다 · 坐 zuò 타다, 앉다 · 地铁 dìtiě 지하철

★公交车 gōngjiāochē 버스

222

▶ 큰 소리로 따라 읽어 봅시다. 🎧295-296

295 씬¹니엔² 콰이⁴러⁴

新年 快乐!
Xīnnián kuàilè!

⮡ 새해 복 많이 받으세요!
Happy New Year!

296 씨에⁴씨에⁰, 예³ 쭈⁴ 니³ 씬¹니엔² 콰이⁴러⁴

谢谢, 也祝你 新年 快乐*!
Xièxie, yě zhù nǐ xīnnián kuàilè!

⮡ 감사합니다. 당신도 새해 복 많이 받으세요!
Thank you, and wish you a happy New Year!

Words 🎧295-296w

· 新年 xīnnián 새해 · 快乐 kuàilè 즐겁다 · 也 yě ~도 · 祝 zhù 축복하다

★ 万事如意 wànshì rúyì 모든 일이 뜻대로 이루어지다

▶ 큰 소리로 따라 읽어 봅시다. 🎧 297-298

297

쉐² 한⁴위³ 요우³ 이⁴쓰⁰ 마⁰

学 汉语 有意思 吗?

Xué Hànyǔ yǒu yìsi ma?

❷ 중국어를 배우는 것은 재미있나요?
Is it interesting to learn Chinese?

298

스⁴, 워³ 쥐²더⁰ 쉐² 한⁴위³ 페이¹창² 요우³ 이⁴쓰⁰

是, 我 觉得 学汉语 非常 有意思。

Shì, wǒ juéde xué Hànyǔ fēicháng yǒu yìsi.

❷ 네, 나는 중국어를 배우는 것이 아주 재미있다고 생각합니다.
Yes, I think Chinese is very interesting.

Tip
•没有意思 méiyǒu yìsi
재미없다

🎧 297-298w

Words

•有意思 yǒu yìsi 재미있다 •觉得 juéde ~라고 여기다

224

▶ 큰 소리로 따라 읽어 봅시다. 🎧 299-300

299
라오³싀¹, 씬¹쿠³ 러⁰

老师，辛苦 了!
Lǎoshī, xīnkǔ le!

◉ 선생님, 수고 많으셨어요!
I appreciate your hard working!

300
씨에⁴씨에⁰ , 니³먼⁰ 예³ 씬¹쿠³ 러⁰

谢谢，你们 也 辛苦 了。
Xièxie, nǐmen yě xīnkǔ le.

◉ 고마워요. 여러분도 고생 많았어요.
You did good job, too.

Words 🎧 299-300w

· 老师 lǎoshī 선생님 · 辛苦 xīnkǔ 수고하다

1. 녹음을 듣고 단어의 빈칸을 채워 봅시다. 🎧 R15-1

① [　　　　] xiàtiān 여름　　② 旅行 [　　　　] 여행하다

③ 家人 jiārén [　　　　]　　④ [　　　　] zhǎodào 찾았다

⑤ [　　　　] gōngxǐ　　⑥ 辛苦 [　　　　] [　　　　]

2. 녹음을 듣고 문장의 빈칸을 채워 봅시다. 🎧 R15-2

① 夏天我们去 [　　　　] 旅行。

Xiàtiān wǒmen qù Xiānggǎng [　　　　] .

여름에 우리는 홍콩으로 여행을 갑니다.

② 我学汉语 [　　　　] 。

Wǒ [　　　　] yì nián le.

중국어를 배운 지 일 년이 되었습니다.

③ 春节我们去 [　　　　] 。

[　　　　] wǒmen qù kàn jiārén.

우리는 설에 가족들을 보러 갑니다.

④ [　　　　] ，恭喜恭喜。

Tīngshuō nǐ zhǎodào gōngzuò le, [　　　　] .

취직했다고 들었습니다. 축하합니다.

3. 해석과 단어를 참고하여 중국어 문장을 완성해 봅시다.

① 천만에요.

② 당신은 매일 어떻게 학교에 갑니까?

③ 나는 매일 지하철을 타고 학교에 갑니다.

④ 감사합니다. 당신도 새해 복 많이 받으세요!

⑤ 중국어를 배우는 것은 재미있나요?

⑥ 선생님, 수고 많으셨어요!

— Hint
每天 měitiān 매일 **坐** zuò 타다, 앉다 **地铁** dìtiě 지하철 **上学** shàngxué 등교하다 **祝** zhù 축복하다 **新年快乐** xīnnián kuàilè 새해 복 많이 받으세요 **有意思** yǒu yìsi 재미있다

- 약속 지켜! 비둘기 놓아주지 말라고~

- 식초 먹으면 지는 거야!

放鸽子 [fàng gēzi] 비둘기를 놓아주다=바람맞다

사전에 약속된 모임에 참
가하지 않거나 다른 사람
을 약속 장소에서 바람맞
히는 일을 '放鸽子'라고 말
한다. 직역하면 '비둘기를
놓아주다'는 뜻이다. 옛날

에 우체부가 없던 시절 사람들이 서신을 주고받을 때 비둘기를 주로 이용하였다. 어느 날 어떤 두 사람은
서로 편지를 보내주기로 약속했다. 그러나 한 사람이 비둘기만 보내고 편지를 보내지 않았다. 나중에 다
른 한 사람이 왜 비둘기만 보내고 편지를 보내지 않았냐고 따져 물었다. 즉 왜 약속을 지키지 않았냐는
의미였다. 이때부터 사람들은 '放鸽子'를 '약속을 지키지 않다', '바람맞다'라는 의미로 사용하게 되었다.

吃醋 [chīcù] 식초를 먹다=질투하다

'식초를 먹다'라는 의미
의 '吃醋'는 '질투하다'라
는 중의적 뜻을 가지고 있
다. 당나라 당태종이 신하
방현령에게 첩을 들이라고
명하였다는 말을 듣고 방

현령의 부인은 질투심에 극도로 반대하였다. 이 사실을 알게 된 당태종이 방현령 부인에게 독주를 보낸
후 명령을 따르지 않으면 독주를 마셔야 한다고 하였다. 방현령의 부인은 첩을 들이느니 차라리 죽는 게
낫다며 눈물을 흘리면서 독주를 마셨다. 그러나 독주를 마신 부인은 아무렇지도 않았는데 알고 보니 병
안에 들어 있던 것은 독주가 아니고 진한 식초였다. 당태종은 방현령의 부인을 죽이려고 한 것이 아니고
겁을 주고자 한 것이다. 이때부터 '식초를 마시다'는 표현은 '질투하다'는 의미로 발전하였다.

PART 01

REVIEW 001~020

1. ① 早上
   ② lǎoshī
   ③ 밥을 먹다
   ④ 好吃
   ⑤ 再, 다시
   ⑥ 什么, shénme

2. ① 早上, hǎo
   ② 你很高兴, Rènshi
   ③ 吃饭, le ma
   ④ 你叫什么名字, jiào

3. ① 好久不见!
   ② 我很好，谢谢!
   ③ 好吃吗?
   ④ 下次见。
   ⑤ 对不起!
   ⑥ 没关系。

PART 02

REVIEW 021-040

1. ① túshūguǎn
   ② 어디
   ③ 있다, 가지고 있다
   ④ mèimei
   ⑤ 多大, duō dà
   ⑥ 专业

2. ① 是, 吗, xuésheng
   ② 不是, Hánguórén
   ③ 几口, Nǐ jiā
   ④ 都有什么, rén

3. ① 今年二十岁。
   ② 我的专业是中文。
   ③ 你家在哪儿?
   ④ 现在我在图书馆。
   ⑤ 现在你去哪儿?
   ⑥ 现在我去学校。

PART 03

REVIEW 041-060

1. ① xīngqī
   ② 내일

③ 生日
④ xiàwǔ
⑤ zhōumò, 주말
⑥ 天气, tiānqì

2. ① 星期三, Jīntiān
   ② 几, 几, Míngtiān
   ③ 生日快乐, kuàilè
   ④ 你在哪儿, xiàwǔ

3. ① 周末我看电影。
   ② 今天有时间吗?
   ③ 今天天气怎么样?
   ④ 最近很忙。
   ⑤ 现在几点?
   ⑥ 明天下午我在学校。

PART 04

REVIEW 061-080

1. ① 같이, 함께
   ② 喜欢
   ③ gěi
   ④ 귀가하다
   ⑤ 洗手间, xǐshǒujiān
   ⑥ àihào

2. ① 几点, Hǎo
   ② 喜欢吃, zhōngguócài
   ③ 给我, rèshuǐ
   ④ 你每天几点回家, měitiān

3. ① 明天我们一起吃饭，怎么样?
   ② 洗手间在哪儿?
   ③ 我的爱好是看电影。
   ④ 你喜欢什么运动?
   ⑤ 你吃过中国菜吗?
   ⑥ 没有看过中国电影。

PART 05

REVIEW 081-100

1. ① 요리, 음식
   ② yào
   ③ 근처
   ④ 商店
   ⑤ gōngzuò, 일, 직업, 일하다
   ⑥ 远, 멀다

2. ① 中国菜, hǎochī
   ② 打工, Zhège zhōumò

③ 水果, yào mǎi

④ 附近有商店吗, yǒu shāngdiàn

3. ① 你要买什么水果?

② 你做什么工作?

③ 学校离你家远吗?

④ 不太远。坐飞机两个小时。

⑤ 不，走路五分钟。

⑥ 银行在图书馆旁边。

PART 06

REVIEW 101-120

1. ① 手机   ② 번호

③ shǔjià   ④ 什么时候

⑤ 多少钱, 얼마예요   ⑥ guì, 비싸다

2. ① 多少, Nǐ de

② 喂, zài ma

③ 去旅行, wǒ yào

④ 苹果一斤多少钱, Píngguǒ, duōshao qián

3. ① 苹果一斤人民币二十元。

② 太贵了，便宜点儿吧。

③ 你什么时候放假?

④ 这个星期六有时间。

⑤ 那是什么?

⑥ 她是谁?

PART 07

REVIEW 121-140

1. ① 배부르다   ② 听不懂

③ kěyǐ   ④ 유명하다

⑤ cāntīng, 식당, 레스토랑   ⑥ 马上, 금방, 곧 바로

2. ① 吃饱了

② 对不起，再说, tīngbudǒng, yí cì

③ 这里，上网, kěyǐ

④ 这附近有有名的景点吗, Zhè fùjìn

3. ① 服务员，给我菜单好吗?

② 你们餐厅的特色菜是什么?

③ 这个用汉语怎么说?

④ 我要喝咖啡。

⑤ 服务员，我要点菜。

⑥ 好，你要点什么菜?

PART 08

REVIEW 141-160

1. ① yígòng   ② (배워서) ~할 줄 알다

③ 参加   ④ 能, néng

⑤ dāngrán, 당연히   ⑥ 병원

2. ① 要买单, Duōshao qián

② 一点儿, huì shuō

③ 很好, Hànyǔ

④ 你能不能参加, zhōngwǔ kāihuì

3. ① 学校里能不能抽烟?

② 这儿附近有医院吗?

③ 有，往前走。

④ 我头疼，发烧。

⑤ 你喜欢什么颜色?

⑥ 还可以，颜色很好看。

PART 09

REVIEW 161-180

1. ① 春天   ② 왜

③ yǒu kòng   ④ 冷

⑤ 难, 어렵다   ⑥ 休息, xiūxi

2. ① 因为, 暖和, xǐhuan, hěn

② 有时候, 有时候, guàngjiē, xiūxi

③ 比, lěng

④ 马马虎虎

3. ① 你有空的时候做什么?

② 你觉得学汉语怎么样?

③ 我们休息一会儿，好吗?

④ 请问，火车站怎么走?

⑤ 从这儿到首尔要多长时间?

⑥ 坐地铁要三十分钟。

PART 10

REVIEW 181-200

1. ① 上课
   ② chídào
   ③ 차가 막히다
   ④ 可是
   ⑤ 来得及, 시간 안에 가능하다
   ⑥ yǐjīng

2. ① 多长时间, lái Hánguó
   ② 没来上课, wèishénme
   ③ 对不起, chídào
   ④ 所以来晚了, Yīnwèi dǔchē

3. ① 这个周末有聚会, 你能去吗?
   ② 来得及。
   ③ 我在图书馆六楼。
   ④ 这是我女朋友的照片。
   ⑤ 他的性格怎么样?
   ⑥ 她长得很可爱。

PART 11

REVIEW 201-220

1. ① ~와, 따르다   ② bìyè
   ③ 下课   ④ ~하고 싶다
   ⑤ 结婚, 결혼하다   ⑥ 指教, 가르치다

2. ① 一般, péngyou
   ② 公司职员, xiǎng zuò
   ③ 一边, 一边, xuéxí, gōngzuò
   ④ 什么时候结婚, Nǐ xiǎng

3. ① 大家好, 我是韩国人, 我的专业是中文。
   ② 请你帮我照相, 好吗?
   ③ 好的, 你想在哪儿照?
   ④ 你瘦了!
   ⑤ 你在韩国的生活习惯了吗?
   ⑥ 今天我请客。

PART 12

REVIEW 221-240

1. ① 听说   ② shàngwǔ
   ③ 출장 가다   ④ 飞机
   ⑤ 出租车, 택시   ⑥ 开始, kāishǐ

2. ① 会下雨, míngtiān
   ② 北京出差, Nǐ qù
   ③ 坐飞机, qù Shànghǎi
   ④ 帮我叫出租车, Wǒ yào qù jīchǎng

3. ① 不是, 我去上海出差。
   ② 我的行李在哪儿?
   ③ 考试几点开始?
   ④ 通过了。
   ⑤ 欢迎你来韩国。
   ⑥ 你什么时候回国, 我送你。

PART 13

REVIEW 241-260

1. ① 礼物   ② xīngqī'èr
   ③ 전화를 하다   ④ děng
   ⑤ 热水, 뜨거운 물   ⑥ 准备, zhǔnbèi

2. ① 这, shénme
   ② 上午十点, shàngkè
   ③ 星期二, Èr líng yī jiǔ
   ④ 明天我给你打电话, dǎ diànhuà

3. ① 好, 我等你电话。
   ② 你想喝什么?
   ③ 你最近做什么?
   ④ 我要买衣服。
   ⑤ 你要去哪儿?
   ⑥ 你有中国朋友吗?

정답

PART 14

REVIEW 261-280

1. ① 明星　　　　② 드라마
   ③ 과제, 숙제　　④ 老家
   ⑤ 怎么了, 어떻게 된 거야　⑥ 吃药, chī yào

2. ① 哪个, xǐhuan
   ② 电视剧, Wǒ hěn
   ③ 写作业, Xiànzài
   ④ 我的老家在釜山, zài Fǔshān

3. ① 你要点什么菜?
   ② 你怎么了?
   ③ 还没，下午去医院。
   ④ 你在哪儿工作?
   ⑤ 去北京的火车票多少钱?
   ⑥ 听说你要去中国留学，是吗?

PART 15

REVIEW 281-300

1. ① 夏天　　　　② lǚxíng
   ③ 가족　　　　④ 找到
   ⑤ 恭喜, 축하하다　⑥ xīnkǔ, 수고하다

2. ① 香港, lǚxíng
   ② 一年了, xué Hànyǔ
   ③ 看家人, Chūnjié
   ④ 听说你找到工作了, gōngxǐ gōngxǐ

3. ① 哪里哪里。
   ② 你每天怎么上学?
   ③ 我每天坐地铁上学。
   ④ 谢谢，也祝你新年快乐!
   ⑤ 学汉语有意思吗?
   ⑥ 老师，辛苦了!

중국어뱅크

이지
차이니즈

왕초보도
쉽게 배우는
중국어

300

워크북

이름

동양북스

중국어뱅크

이지 차이니즈

왕초보도
쉽게 배우는
중국어

300

워크북

동양북스

1. 단어를 들으며 따라 써 봅시다. 🎧 W01-01

획순				好 好 好 好 好 好
好	好			
hǎo	hǎo			
좋다				

획순				老 老 老 老 老 老 / 师 师 师 师 师 师
老师	老	师		
lǎoshī	lǎoshī			
선생님				

획순				谢 谢 谢 谢 谢 谢 谢 谢 谢 谢 谢 谢
谢谢	谢	谢		
xièxie	xièxie			
감사하다, 고맙다				

획순				对 对 对 对 对 / 不 不 不 不 / 起 起 起 起 起 起 起 起 起 起
对不起	对	不	起	
duìbuqǐ	duìbuqǐ			
미안하다, 죄송하다				

획순				吃 吃 吃 吃 吃 吃 / 饭 饭 饭 饭 饭 饭 饭
吃饭	吃	饭		
chī fàn	chī fàn			
밥을 먹다				

획순			好 好 好 好 好 好 / 吃 吃 吃 吃 吃 吃
好吃	好	吃	
hǎochī	hǎochī		
맛있다			

획순			认 认 认 认 / 识 识 识 识 识 识 识
认识	认	识	
rènshi	rènshi		
알다			

획순			高 高 高 高 高 高 高 高 高 高 / 兴 兴 兴 兴 兴 兴
高兴	高	兴	
gāoxìng	gāoxìng		
기쁘다			

획순			什 什 什 什 / 么 么 么
什么	什	么	
shénme	shénme		
무엇			

획순			名 名 名 名 名 名 / 字 字 字 字 字 字
名字	名	字	
míngzi	míngzi		
이름			

2. 문장을 들으며 따라 써 봅시다. 🎧W01-02

한자	你好!
병음	Nǐ hǎo!
한자	
병음	

해석 _____

한자	吃饭了吗?
병음	Chī fàn le ma?
한자	
병음	

해석 _____

한자	很好吃。
병음	Hěn hǎochī.
한자	
병음	

해석 _____

한자	好久不见!
병음	Hǎo jiǔ bú jiàn!
한자	
병음	

해석 _____

한자	再见!
병음	Zài jiàn!
한자	
병음	

해석 _____

한자	你叫什么名字?
병음	Nǐ jiào shénme míngzi?
한자	
병음	

해석 _____

1. 단어를 들으며 따라 써 봅시다. 🎧 W02-01

획순					是 是 是 是 是 是 是 是 是
是	是				
shì	shì				
~이다, 맞다					

획순					哪 哪 哪 哪 哪 哪 哪 哪 哪 / 个 个 个
哪个	哪	个			
nǎge	nǎge				
어느 (것)					

획순					中 中 中 中 / 国 国 国 同 国 国 国 国
中国	中	国			
Zhōngguó	Zhōngguó				
중국					

획순					几 几
几	几				
jǐ	jǐ				
몇					

획순					多 多 多 多 多 多 / 大 大 大
多大	多	大			
duō dà	duō dà				
(나이가) 얼마인가					

획순		岁 岁 岁 岁 岁 岁
岁	岁	
suì	suì	
살, 세		

획순		专 专 专 专 / 业 业 业 业 业
专业	专 业	
zhuānyè	zhuānyè	
전공		

획순		现 现 现 现 现 现 现 现 / 在 在 在 在 在 在
现在	现 在	
xiànzài	xiànzài	
현재, 지금		

획순		图 图 图 图 图 图 图 图 / 书 书 书 书 / 馆 馆 馆 馆 馆 馆 馆 馆 馆 馆 馆
图书馆	图 书 馆	
túshūguǎn	túshūguǎn	
도서관		

획순		去 去 去 去 去
去	去	
qù	qù	
가다		

2. 문장을 들으며 따라 써 봅시다. 🎧 W02-02

한자	你是哪个大学的学生？
병음	Nǐ shì nǎge dàxué de xuésheng?
한자	
병음	

해석 _____

한자	你是中国人吗？
병음	Nǐ shì Zhōngguórén ma?
한자	
병음	

해석 _____

한자	我家有四口人。
병음	Wǒ jiā yǒu sì kǒu rén.
한자	
병음	

해석 _____

한자	今年你多大?
병음	Jīnnián nǐ duō dà?
한자	
병음	

해석 _____

한자	你的专业是什么?
병음	Nǐ de zhuānyè shì shénme?
한자	
병음	

해석 _____

한자	现在你去哪儿?
병음	Xiànzài nǐ qù nǎr?
한자	
병음	

해석 _____

1. 단어를 들으며 따라 써 봅시다. 🎧 W03-01

획순					今 今 今 今 / 天 天 天 天
今天	今	天			
jīntiān	jīntiān				
오늘					

획순					星 星 星 星 星 星 星 星 星 / 期 期 期 期 期 期 期 期 期 期 期 期
星期	星	期			
xīngqī	xīngqī				
요일					

획순					生 生 生 生 生 / 日 日 日 日
生日	生	日			
shēngrì	shēngrì				
생일					

획순					下 下 下 / 午 午 午 午
下午	下	午			
xiàwǔ	xiàwǔ				
오후					

획순					周 周 周 周 周 周 周 周 / 末 末 末 末 末
周末	周	末			
zhōumò	zhōumò				
주말					

획순					
			没没没没没没没 / 有有有有有有		
没有	没	有			
méiyǒu	méiyǒu				
없다					

획순					
			天天天天 / 气气气气		
天气	天	气			
tiānqì	tiānqì				
날씨					

획순					
			怎怎怎怎怎怎怎怎怎 / 么么么 / 样样样样样样样样样样		
怎么样	怎	么	样		
zěnmeyàng	zěnmeyàng				
어떻다, 어떠하다					

획순					
			最最最最最最最最最最最最 / 近近近近近近近		
最近	最	近			
zuìjìn	zuìjìn				
요즘					

획순					
			忙忙忙忙忙忙		
忙	忙				
máng	máng				
바쁘다					

2. 문장을 들으며 따라 써 봅시다. 🎧 W03-02

한자	今天星期几？
병음	Jīntiān xīngqī jǐ?
한자	
병음	

해석 _____

한자	你的生日是几月几号？
병음	Nǐ de shēngrì shì jǐ yuè jǐ hào?
한자	
병음	

해석 _____

한자	你最近怎么样？
병음	Nǐ zuìjìn zěnmeyàng?
한자	
병음	

해석 _____

한자	周末你做什么？
병음	Zhōumò nǐ zuò shénme?
한자	
병음	

해석 _____

한자	今天天气很好。
병음	Jīntiān tiānqì hěn hao.
한자	
병음	

해석 _____

한자	现在两点十五分。
병음	Xiànzài liǎng diǎn shíwǔ fēn.
한자	
병음	

해석 _____

1. 단어를 들으며 따라 써 봅시다. 🎧 W04-01

획순		一 / 起 起 起 起 起 起 起 起 起 起
一起	一	起
yìqǐ	yìqǐ	
같이, 함께		

획순		喜 喜 喜 喜 喜 喜 喜 喜 喜 喜 喜 / 欢 欢 欢 欢 欢 欢
喜欢	喜	欢
xǐhuan	xǐhuan	
좋아하다		

획순		给 给 给 给 给 给 给 给 给
给	给	
gěi	gěi	
(~에게) ~을 주다		

획순		等 等 等 等 等 等 等 等 等 等 等 等
等	等	
děng	děng	
기다리다		

획순		回 回 回 回 回 回 / 家 家 家 家 家 家 家 家 家 家
回家	回	家
huí jiā	huí jiā	
귀가하다		

획순		洗洗洗洗洗洗洗洗洗 / 手手手手 / 间间间间间间间				
洗手间	洗	手	间			
xǐshǒujiān	xǐshǒujiān					
화장실						

획순		前前前前前前前前前 / 面面面面面面面面面				
前面	前	面				
qiánmiàn	qiánmiàn					
앞						

획순		爱爱爱爱爱爱爱爱爱爱 / 好好好好好好				
爱好	爱	好				
àihào	àihào					
취미						

획순		运运运运运运运 / 动动动动动动				
运动	运	动				
yùndòng	yùndòng					
운동하다						

획순		过过过过过过				
过	过					
guo	guo					
~한 적이 있다						

2. 문장을 들으며 따라 써 봅시다. 🎧 W04-02

한자	你喜欢吃什么菜?
병음	Nǐ xǐhuan chī shénme cài?
한자	
병음	

해석 _____

한자	我每天晚上十点回家。
병음	Wǒ měitiān wǎnshang shí diǎn huí jiā.
한자	
병음	

해석 _____

한자	最近忙不忙?
병음	Zuìjìn máng bu máng?
한자	
병음	

해석 _____

한자	洗手间在前面。
병음	Xǐshǒujiān zài qiánmiàn.
한자	
병음	

해석 _____

한자	我喜欢游泳。
병음	Wǒ xǐhuan yóuyǒng.
한자	
병음	

해석 _____

한자	好，等一下。
병음	Hǎo, děng yíxià.
한자	
병음	

해석 _____

Part 05. 081-100

1. 단어를 들으며 따라 써 봅시다. 🎧 W05-01

획순				菜菜菜菜菜菜菜菜菜菜菜
菜 cài 요리, 음식	菜 cài			

획순				要要要要要要要要要
要 yào ~하려고 하다	要 yào			

획순				买买买买买买
买 mǎi 사다, 구매하다	买 mǎi			

획순				附附附附附附附 / 近近近近近近近
附近 fùjìn 근처	附 近 fùjìn			

획순				商商商商商商商商商商商 / 店店广店店店店店
商店 shāngdiàn 상점	商 店 shāngdiàn			

획순					工 工 工 / 作 作 作 作 作 作 作
工作	工	作			
gōngzuò	gōngzuò				
일, 직업, 일하다					

획순					离 离 离 离 离 离 离 离 离 离
离	离				
lí	lí				
~로부터					

획순					远 远 远 远 远 远 远
远	远				
yuǎn	yuǎn				
멀다					

획순				走 走 走 走 走 走 走 / 路 路 路 路 路 路 路 路 路 路 路 路 路
走路	走	路		
zǒulù	zǒulù			
길을 걷다				

획순				旁 旁 旁 旁 旁 旁 旁 旁 旁 旁 / 边 边 边 边 边
旁边	旁	边		
pángbiān	pángbiān			
옆				

2. 문장을 들으며 따라 써 봅시다. 🎧 W05-02

한자	这个周末你做什么？
병음	Zhège zhōumò nǐ zuò shénme?
한자	
병음	

해석 _____

한자	我要买苹果。
병음	Wǒ yào mǎi píngguǒ.
한자	
병음	

해석 _____

한자	有，在前面。
병음	Yǒu, zài qiánmiàn.
한자	
병음	

해석 _____

한자	我是公司职员。
병음	Wǒ shì gōngsī zhíyuán.
한자	
병음	

해석 _____

한자	地铁站离这儿远吗?
병음	Dìtiězhàn lí zhèr yuǎn ma?
한자	
병음	

해석 _____

한자	银行在哪儿?
병음	Yínháng zài nǎr?
한자	
병음	

해석 _____

1. 단어를 들으며 따라 써 봅시다. 🎧 W06-01

획순		手 手 手 手 / 机 机 机 机 机 机			
手机	手	机			
shǒujī	shǒujī				
휴대전화					

획순		号 号 号 号 号 / 码 码 码 码 码 码 码 码			
号码	号	码			
hàomǎ	hàomǎ				
번호					

획순		暑 暑 暑 暑 暑 暑 暑 暑 暑 暑 暑 暑 / 假 假 假 假 假 假 假 假 假 假 假			
暑假	暑	假			
shǔjià	shǔjià				
여름 방학					

획순		去 去 去 去 去 / 旅 旅 旅 旅 旅 旅 旅 旅 旅 旅 / 行 行 行 行 行 行			
去旅行	去	旅	行		
qù lǚxíng	qù lǚxíng				
여행을 가다					

획순		放 放 放 放 放 放 放 放 / 假 假 假 假 假 假 假 假 假			
放假	放	假			
fàngjià	fàngjià				
방학하다					

획순	多多多多多多多 / 少少少少 / 钱钱钱钱钱钱钱钱钱钱		
多少钱	多	少	钱
duōshao qián	duōshao qián		
얼마예요			

획순	斤斤斤斤
斤	斤
jīn	jīn
근(무게 단위, 약 500그램)	

획순	贵贵贵贵贵贵贵贵贵
贵	贵
guì	guì
비싸다	

획순	她她她她她她
她	她
tā	tā
그녀, 그 여자	

획순	谁谁谁谁谁谁谁谁谁谁
谁	谁
shéi, shuí	shéi, shuí
누구	

2. 문장을 들으며 따라 써 봅시다. 🎧 W06-02

한자	他在，请等一下。
병음	Tā zài, qǐng děng yíxià.
한자	
병음	

해석 _____

한자	暑假你要做什么？
병음	Shǔjià nǐ yào zuò shénme?
한자	
병음	

해석 _____

한자	我们什么时候见？
병음	Wǒmen shénme shíhou jiàn?
한자	
병음	

해석 _____

한자	星期六晚上七点见。
병음	Xīngqīliù wǎnshang qī diǎn jiàn.

한자	
병음	

해석 _____

한자	你什么时候有时间？
병음	Nǐ shénme shíhou yǒu shíjiān?

한자	
병음	

해석 _____

한자	她是我的女朋友。
병음	Tā shì wǒ de nǚ péngyou.

한자	
병음	

해석 _____

1. 단어를 들으며 따라 써 봅시다. 🎧 W07-01

획순			饱 饱 饱 饱 饱 饱 饱 饱
饱	饱		
bǎo	bǎo		
배부르다			

획순	听 听 听 听 听 听 听 / 不 不 不 不 / 懂 懂 懂 懂 懂 懂 懂 懂 懂 懂 懂 懂 懂 懂
听不懂	听　　　不　　　懂
tīngbudǒng	tīngbudǒng
알아듣지 못하다	

획순			可 可 可 可 可 / 以 以 以 以
可以	可	以	
kěyǐ	·kěyǐ		
가능하다, ~해도 된다			

획순			有 有 有 有 有 有 / 名 名 名 名 名 名
有名	有	名	
yǒumíng	yǒumíng		
유명하다			

획순			餐 餐 餐 餐 餐 餐 餐 餐 餐 餐 餐 餐 餐 餐 餐 餐 / 厅 厅 厅 厅
餐厅	餐	厅	
cāntīng	cāntīng		
식당, 레스토랑			

획순	服 服 服 服 服 服 服 服 / 务 务 务 务 务 / 员 员 员 员 员 员 员			
服务员	服	务	员	
fúwùyuán	fúwùyuán			
종업원				

획순	菜 菜 菜 菜 菜 菜 菜 菜 菜 菜 菜 / 单 单 单 单 单 单 单 单		
菜单	菜	单	
càidān	càidān		
메뉴			

획순	马 马 马 / 上 上 上		
马上	马	上	
mǎshàng	mǎshàng		
금방, 곧 바로			

획순	说 说 说 说 说 说 说 说 说	
说	说	
shuō	shuō	
말하다		

획순	点 点 点 点 点 点 点 点 点 / 菜 菜 菜 菜 菜 菜 菜 菜 菜 菜 菜		
点菜	点	菜	
diǎn cài	diǎn cài		
주문하다			

2. 문장을 들으며 따라 써 봅시다. 🎧 W07-02

한자	你们听懂了吗?
병음	Nǐmen tīngdǒng le ma?
한자	
병음	

해석 _____

한자	有，故宫和颐和园都很漂亮。
병음	Yǒu, Gùgōng hé Yíhéyuán dōu hěn piàoliang.
한자	
병음	

해석 _____

한자	这附近有好吃的餐厅吗?
병음	Zhè fùjìn yǒu hǎochī de cāntīng ma?
한자	
병음	

해석 _____

한자	好的，马上给您。
병음	Hǎo de, mǎshàng gěi nín.
한자	
병음	

해석 _____

한자	汉语叫果汁。
병음	Hànyǔ jiào guǒzhī.
한자	
병음	

해석 _____

한자	你要喝咖啡还是茶?
병음	Nǐ yào hē kāfēi háishi chá?
한자	
병음	

해석 _____

1. 단어를 들으며 따라 써 봅시다. 🎧 W08-01

획순				一 / 共 共 共 共 共 共
一共 yígòng 모두, 합계	一	共		
	yígòng			

획순				会 会 会 会 会 会
会 huì (배워서) ~할 줄 알다	会			
	huì			

획순				一 / 点 点 点 点 点 点 点 点 点 / 儿 儿
一点儿 yìdiǎnr 조금	一	点	儿	
	yìdiǎnr			

획순				开 开 开 开 / 会 会 会 会 会 会
开会 kāihuì 회의하다	开	会		
	kāihuì			

획순				参 参 参 参 参 参 参 参 / 加 加 加 加 加
参加 cānjiā 참석하다, 참가하다	参	加		
	cānjiā			

30

획순		当当当当当当 / 然然然然然然然然然然然然然
当然 dāngrán 당연히	当	然
	dāngrán	

획순		舒舒舒舒舒舒舒舒舒舒舒舒 / 服服服服服服服服
舒服 shūfu 편안하다	舒	服
	shūfu	

획순		颜颜颜颜颜颜颜颜颜颜颜颜颜颜 / 色色色色色色
颜色 yánsè 색깔	颜	色
	yánsè	

획순		还还还还还还还 / 可可可可可 / 以以以以
还可以 hái kěyǐ 그럭저럭 괜찮다	还	可	以
	hái kěyǐ	

획순		好好好好好好 / 看看看看看看看看看
好看 hǎokàn 예쁘다, 보기 좋다	好	看
	hǎokàn	

2. 문장을 들으며 따라 써 봅시다. 🎧 W08-02

한자	你会说汉语吗？
병음	Nǐ huì shuō Hànyǔ ma?
한자	
병음	

해석 _____

한자	他的汉语怎么样？
병음	Tā de Hànyǔ zěnmeyàng?
한자	
병음	

해석 _____

한자	不会，没有做过。
병음	Bú huì, méiyǒu zuòguo.
한자	
병음	

해석 _____

한자	对不起，我有事，不能参加。
병음	Duìbuqǐ, wǒ yǒu shì, bù néng cānjiā.
한자	
병음	

해석 _____

한자	当然不可以。
병음	Dāngrán bù kěyǐ.
한자	
병음	

해석 _____

한자	你哪儿不舒服？
병음	Nǐ nǎr bù shūfu?
한자	
병음	

해석 _____

1. 단어를 들으며 따라 써 봅시다. 🎧 W09-01

획순					季季季季季季季季 / 节节节节节
季节	季	节			
jìjié	jìjié				
계절					

획순					因因因因因因 / 为为为为
因为	因	为			
yīnwèi	yīnwèi				
왜냐하면, ~때문에					

획순				为为为为 / 什什什什 / 么么么
为什么	为	什	么	
wèishénme	wèishénme			
왜				

획순				有有有有有有 / 时时时时时时时 / 候候候候候候候候候
有时候	有	时	候	
yǒushíhou	yǒushíhou			
때로는, 어떤 때는				

획순					比比比比
比	比				
bǐ	bǐ				
~에 비해서					

34

획순		觉 觉 觉 觉 觉 觉 觉 觉 觉 / 得 得 得 得 得 得 得 得 得 得
觉得	觉	得
juéde	juéde	
~라고 느끼다		

획순		一 / 会 会 会 会 会 会 / 儿 儿
一会儿	一 会	儿
yíhuìr	yíhuìr	
잠시		

획순		分 分 分 分 / 钟 钟 钟 钟 钟 钟 钟 钟 钟
分钟	分	钟
fēnzhōng	fēnzhōng	
분(시간을 세는 단위)		

획순		请 请 请 请 请 请 请 请 请 / 问 问 问 问 问 问
请问	请	问
qǐngwèn	qǐngwèn	
말씀 좀 여쭙겠습니다		

획순		火 火 火 火 / 车 车 车 车 / 站 站 站 站 站 站 站 站 站
火车站	火 车	站
huǒchēzhàn	huǒchēzhàn	
기차역		

2. 문장을 들으며 따라 써 봅시다. 🎧 W09-02

한자	你喜欢什么季节?
병음	Nǐ xǐhuan shénme jìjié?
한자	
병음	

해석 _____

한자	因为冬天可以滑雪。
병음	Yīnwèi dōngtiān kěyǐ huáxuě.
한자	
병음	

해석 _____

한자	北京冬天的天气怎么样?
병음	Běijīng dōngtiān de tiānqì zěnmeyàng?
한자	
병음	

해석 _____

한자	我觉得很难。
병음	Wǒ juéde hěn nán.

한자	
병음	

해석

한자	这个餐厅很好吃，也很便宜。
병음	Zhège cāntīng hěn hǎochī, yě hěn piányi.

한자	
병음	

해석

한자	坐出租车要三十分钟。
병음	Zuò chūzūchē yào sānshí fēnzhōng.

한자	
병음	

해석

1. 단어를 들으며 따라 써 봅시다. 🎧 W10-01

획순			上 上 上 / 课 课 课 课 课 课 课 课 课 课
上课	上	课	
shàngkè	shàngkè		
수업하다			

획순			迟 迟 迟 迟 迟 迟 迟 / 到 到 到 到 到 到 到 到
迟到	迟	到	
chídào	chídào		
지각하다			

획순			刚 刚 刚 刚 刚 刚
刚	刚		
gāng	gāng		
방금, 막			

획순			来 来 来 来 来 来 来 / 晚 晚 晚 晚 晚 晚 晚 晚 晚 晚 晚
来晚	来	晚	
láiwǎn	láiwǎn		
늦게 오다			

획순			堵 堵 堵 堵 堵 堵 堵 堵 堵 堵 堵 / 车 车 车 车
堵车	堵	车	
dǔchē	dǔchē		
차가 막히다			

획순			聚 聚 聚 聚 聚 聚 聚 聚 聚 聚 聚 聚 聚 聚 / 会 会 会 会 会 会			
聚会	聚	会				
jùhuì	jùhuì					
모임						

획순			可 可 可 可 可 / 是 是 是 是 是 是 是 是 是			
可是	可	是				
kěshì	kěshì					
그러나, 그런데						

획순				来 来 来 来 来 来 来 / 得 得 得 得 得 得 得 得 得 得 / 及 及 及		
来得及	来	得	及			
láidejí	láidejí					
시간 안에 가능하다						

획순			已 已 已 / 经 经 经 经 经 经 经 经			
已经	已	经				
yǐjīng	yǐjīng					
이미						

획순			性 性 性 性 性 性 性 性 / 格 格 格 格 格 格 格 格 格 格			
性格	性	格				
xìnggé	xìnggé					
성격						

2. 문장을 들으며 따라 써 봅시다. 🎧 W10-02

한자	我来韩国一年了。
병음	Wǒ lái Hánguó yì nián le.
한자	
병음	

해석 _____

한자	没关系，我也刚来。
병음	Méi guānxi, wǒ yě gāng lái.
한자	
병음	

해석 _____

한자	我很想去，可是我有事，不能去。
병음	Wǒ hěn xiǎng qù, kěshì wǒ yǒu shì, bù néng qù.
한자	
병음	

해석 _____

한자	晚上七点有电影，现在去来得及来不及?
병음	Wǎnshang qī diǎn yǒu diànyǐng, xiànzài qù láidejí láibují?
한자	
병음	

해석 _____

한자	我已经到了，你在哪儿?
병음	Wǒ yǐjīng dào le, nǐ zài nǎr?
한자	
병음	

해석 _____

한자	你的女朋友长得怎么样?
병음	Nǐ de nǚ péngyou zhǎng de zěnmeyàng?
한자	
병음	

해석 _____

1. 단어를 들으며 따라 써 봅시다. 🎧 W11-01

획순		跟 跟 跟 跟 跟 跟 跟 跟 跟 跟 跟 跟 跟
跟 gēn ~와, 따르다	跟 gēn	

획순		一 / 般 般 般 般 般 般 般 般 般
一般 yìbān 보통	一　　般 yìbān	

획순		想 想 想 想 想 想 想 想 想 想 想 想
想 xiǎng ~하고 싶다	想 xiǎng	

획순		结 结 结 结 结 结 结 结 结 / 婚 婚 婚 婚 婚 婚 婚 婚 婚 婚 婚
结婚 jiéhūn 결혼하다	结　　婚 jiéhūn	

획순		指 指 指 指 指 指 指 指 指 / 教 教 教 教 教 教 教 教 教 教
指教 zhǐjiào 가르치다	指　　教 zhǐjiào	

획순				帮 帮 帮 帮 帮 帮 帮 帮 帮
帮 bāng 돕다	帮 bāng			

획순			照 照 照 照 照 照 照 照 照 照 照 照 照 / 相 相 相 相 相 相 相 相 相
照相 zhàoxiàng 사진을 찍다	照 相 zhàoxiàng		

획순			压 压 压 压 压 压 / 力 力
压力 yālì 스트레스	压 力 yālì		

획순			习 习 习 / 惯 惯 惯 惯 惯 惯 惯 惯 惯 惯
习惯 xíguàn 습관이 되다, 익숙하다	习 惯 xíguàn		

획순			请 请 请 请 请 请 请 请 请 请 / 客 客 客 客 客 客 客 客 客
请客 qǐngkè 한턱내다, 대접하다	请 客 qǐngkè		

2. 문장을 들으며 따라 써 봅시다. 🎧 W11-02

한자	有时候喝咖啡聊天儿，有时候看电影。
병음	Yǒushíhou hē kāfēi liáotiānr, yǒushíhou kàn diànyǐng.
한자	
병음	

해석 _____

한자	下课以后，我见朋友。
병음	Xiàkè yǐhòu, wǒ jiàn péngyou.
한자	
병음	

해석 _____

한자	请你自我介绍。
병음	Qǐng nǐ zìwǒ jièshào.
한자	
병음	

해석 _____

한자	是，最近学习压力太大。
병음	Shì, zuìjìn xuéxí yālì tài dà.
한자	
병음	

해석 _____

한자	我想三十岁以后结婚。
병음	Wǒ xiǎng sānshí suì yǐhòu jiéhūn.
한자	
병음	

해석 _____

한자	不用了，你太客气了。
병음	Bú yòng le, nǐ tài kèqi le.
한자	
병음	

해석 _____

1. 단어를 들으며 따라 써 봅시다. 🎧 W12-01

획순			听 听 听 听 听 听 听 / 说 说 说 说 说 说 说 说 说
听说 tīngshuō 듣자하니	听	说 tīngshuō	

획순			下 下 下 / 雨 雨 雨 雨 雨 雨 雨 雨
下雨 xià yǔ 비가 내리다	下	雨 xià yǔ	

획순			出 出 出 出 出 / 差 差 差 差 差 差 差 差 差
出差 chūchāi 출장 가다	出	差 chūchāi	

획순			高 高 高 高 高 高 高 高 高 高 / 铁 铁 铁 铁 铁 铁 铁 铁 铁 铁
高铁 gāotiě 고속철도(중국식 KTX)	高	铁 gāotiě	

획순			行 行 行 行 行 行 / 李 李 李 李 李 李 李
行李 xíngli 짐, 여행 짐	行	李 xíngli	

획순			楼 楼 楼 楼 楼 楼 楼 楼 楼 楼 楼 楼 / 下 下 下
楼下	楼	下	
lóuxià	lóuxià		
아래층			

획순			考 考 考 考 考 考 / 试 试 试 试 试 试 试 试
考试	考	试	
kǎoshì	kǎoshì		
시험(을 치르다)			

획순			开 开 开 开 / 始 始 始 始 始 始 始
开始	开	始	
kāishǐ	kāishǐ		
시작하다			

획순			通 通 通 通 通 通 通 通 通 通 / 过 过 过 过 过 过
通过	通	过	
tōngguò	tōngguò		
통과하다			

획순		送 送 送 送 送 送 送 送 送
送	送	
sòng	sòng	
배웅하다, 선물하다		

2. 문장을 들으며 따라 써 봅시다. 🎧 W12-02

한자	今天做什么？
병음	Jīntiān zuò shénme?
한자	
병음	

해석 _____

한자	上午去学校，下午去打工。
병음	Shàngwǔ qù xuéxiào, xiàwǔ qù dǎgōng.
한자	
병음	

해석 _____

한자	好的，几点出发？
병음	Hǎo de, jǐ diǎn chūfā?
한자	
병음	

해석 _____

한자	上个星期的面试怎么样?
병음	Shàng ge xīngqī de miànshì zěnmeyàng?
한자	
병음	

해석 _____

한자	谢谢您来接我。
병음	Xièxie nín lái jiē wǒ.
한자	
병음	

해석 _____

한자	明天下午回国，谢谢。
병음	Míngtiān xiàwǔ huí guó, xièxie.
한자	
병음	

해석 _____

Part 13. 241-260

1. 단어를 들으며 따라 써 봅시다. 🎧 W13-01

획순			礼 礼 礼 礼 礼 / 物 物 物 物 物 物 物 物		
礼物	礼	物			
lǐwù	lǐwù				
선물					

획순				星 星 星 星 星 星 星 星 星 / 期 期 期 期 期 期 期 期 期 期 期 期 / 几 几	
星期几	星	期	几		
xīngqī jǐ	xīngqī jǐ				
무슨 요일					

획순				星 星 星 星 星 星 星 星 星 / 期 期 期 期 期 期 期 期 期 期 期 / 二 二	
星期二	星	期	二		
xīngqī'èr	xīngqī'èr				
화요일					

획순				打 打 打 打 打 / 电 电 电 电 电 / 话 话 话 话 话 话 话 话	
打电话	打	电	话		
dǎ diànhuà	dǎ diànhuà				
전화를 하다					

획순		喝 喝 喝 喝 喝 喝 喝 喝 喝 喝 喝 喝			
喝	喝				
hē	hē				
마시다					

획순	做做做做做做做做做做
做 zuò 하다	做 zuò

획순	准准准准准准准准准准 / 备备备各各备备
准备 zhǔnbèi 준비하다	准　备 zhǔnbèi

획순	衣衣衣衣衣衣 / 服服服服服服服服
衣服 yīfu 옷	衣　服 yīfu

획순	朋朋朋朋朋朋朋朋 / 友友友友
朋友 péngyou 친구	朋　友 péngyou

획순	留留留留留留留留留留 / 学学学学学学学学 / 生生生生生
留学生 liúxuéshēng 유학생	留　学　生 liúxuéshēng

2. 문장을 들으며 따라 써 봅시다. 🎧 W13-02

한자	这是你的生日礼物。
병음	Zhè shì nǐ de shēngrì lǐwù.
한자	
병음	

해석 _____

한자	你几点上课?
병음	Nǐ jǐ diǎn shàngkè?
한자	
병음	

해석 _____

한자	我想喝热水。
병음	Wǒ xiǎng hē rèshuǐ.
한자	
병음	

해석 _____

한자	最近准备考试。
병음	Zuìjìn zhǔnbèi kǎoshì.
한자	
병음	

해석 _____

한자	我要去百货商场。
병음	Wǒ yào qù bǎihuò shāngchǎng.
한자	
병음	

해석 _____

한자	有，他是我们学校的留学生。
병음	Yǒu, tā shì wǒmen xuéxiào de liúxuéshēng.
한자	
병음	

해석 _____

1. 단어를 들으며 따라 써 봅시다. 🎧 W14-01

획순	明 明 明 明 明 明 明 明 / 星 星 星 星 星 星 星 星 星
明星	明　　星
míngxīng	míngxīng
스타	

획순	电 电 电 电 电 / 视 视 视 视 视 视 视 视 / 剧 剧 剧 剧 剧 剧 剧 剧 剧 剧
电视剧	电　　视　　剧
diànshìjù	diànshìjù
드라마	

획순	写 写 写 写 写
写	写
xiě	xiě
쓰다	

획순	作 作 作 作 作 作 作 / 业 业 业 业 业
作业	作　　业
zuòyè	zuòyè
과제, 숙제	

획순	老 老 老 老 老 老 / 家 家 家 家 家 家 家 家 家 家
老家	老　　家
lǎojiā	lǎojiā
고향 (집)	

획순				怎怎怎怎怎怎怎怎怎/么么么么/了了
怎么了	怎	么	了	
zěnme le	zěnme le			
어떻게 된 거야				

획순			感感感感感感感感感感感感感/冒冒冒冒冒冒冒冒冒
感冒	感	冒	
gǎnmào	gǎnmào		
감기 걸리다			

획순			吃吃吃吃吃吃/药药药药药药药药药
吃药	吃	药	
chī yào	chī yào		
약을 먹다			

획순			医医医医医医医/院院院院院院院院院院
医院	医	院	
yīyuàn	yīyuàn		
병원			

획순			贸贸贸贸贸贸贸贸贸/易易易易易易易易
贸易	贸	易	
màoyì	màoyì		
무역			

2. 문장을 들으며 따라 써 봅시다. 🎧 W14-02

한자	你喜欢看电视剧吗?
병음	Nǐ xǐhuan kàn diànshìjù ma?
한자	
병음	

해석 _____

한자	现在你做什么?
병음	Xiànzài nǐ zuò shénme?
한자	
병음	

해석 _____

한자	你的老家在哪儿?
병음	Nǐ de lǎojiā zài nǎr?
한자	
병음	

해석 _____

한자	我感冒了。
병음	Wǒ gǎnmào le.

한자	
병음	

해석 _____

한자	你吃药了吗?
병음	Nǐ chī yào le ma?

한자	
병음	

해석 _____

한자	我在贸易公司工作。
병음	Wǒ zài màoyì gōngsī gōngzuò.

한자	
병음	

해석 _____

1. 단어를 들으며 따라 써 봅시다. 🎧 W15-01

획순			春春春春春春春春春 / 节节节节节
春节 Chūnjié 춘절, 음력설	春	节	
	Chūnjié		

획순			家家家家家家家家家家 / 人人
家人 jiārén 가족	家	人	
	jiārén		

획순			恭恭恭恭恭恭恭恭恭 / 喜喜喜喜喜喜喜喜喜喜喜喜
恭喜 gōngxǐ 축하하다	恭	喜	
	gōngxǐ		

획순			运运运运运运运 / 气气气气
运气 yùnqi 운	运	气	
	yùnqi		

획순			非非非非非非非非 / 常常常常常常常常常常常
非常 fēicháng 대단히	非	常	
	fēicháng		

획순				每 每 每 每 每 每 每 / 天 天 天 天
每天 měitiān 매일	每	天		
	měitiān			

획순				上 上 上 / 学 学 学 学 学 学 学 学
上学 shàngxué 등교하다	上	学		
	shàngxué			

획순				快 快 快 快 快 快 快 / 乐 乐 乐 乐 乐
快乐 kuàilè 즐겁다	快	乐		
	kuàilè			

획순	有 有 有 有 有 有 / 意 意 意 意 意 意 意 意 意 意 意 意 意 / 思 思 思 思 思 思 思 思 思			
有意思 yǒu yìsi 재미있다	有	意	思	
	yǒu yìsi			

획순				辛 辛 辛 辛 辛 辛 辛 / 苦 苦 苦 苦 苦 苦 苦 苦
辛苦 xīnkǔ 수고하다	辛	苦		
	xīnkǔ			

2. 문장을 들으며 따라 써 봅시다. 🎧 W15-02

한자	夏天你们去哪儿旅行?
병음	Xiàtiān nǐmen qù nǎr lǚxíng?
한자	
병음	

해석 _____

한자	你学汉语多长时间了?
병음	Nǐ xué Hànyǔ duōcháng shíjiān le?
한자	
병음	

해석 _____

한자	回家以后，我想休息休息。
병음	Huí jiā yǐhòu, wǒ xiǎng xiūxi xiūxi.
한자	
병음	

해석 _____

한자	你的汉语非常好。
병음	Nǐ de Hànyǔ fēicháng hǎo.

한자	
병음	

해석 _____

한자	新年快乐！
병음	Xīnnián kuàilè!

한자	
병음	

해석 _____

한자	谢谢，运气好。
병음	Xièxie, yùnqi hǎo.

한자	
병음	

해석 _____

TEST

🔍 **점수 기록표**

PART 01

PART 02

PART 03

PART 04

PART 05

PART 06

PART 07

PART 08

PART 09

PART 10

PART 11

PART 12

PART 13

PART 14

PART 15

📝 불러주는 발음을 듣고 해당하는 한자, 한어병음(성조 포함), 뜻을 쓰세요.

1   한자 :   한어병음 :   뜻 :

2   한자 :   한어병음 :   뜻 :

3   한자 :   한어병음 :   뜻 :

4   한자 :   한어병음 :   뜻 :

5   한자 :   한어병음 :   뜻 :

6   한자 :   한어병음 :   뜻 :

7   한자 :   한어병음 :   뜻 :

8   한자 :   한어병음 :   뜻 :

9   한자 :   한어병음 :   뜻 :

10   한자 :   한어병음 :   뜻 :

제시된 한어병음을 중국어로 쓰고, 알맞은 대답을 중국어로 쓰세요.

1	한어병음 : Duìbuqǐ!
	중국어 :
	답변 :

2	한어병음 : Rènshi nǐ hěn gāoxìng.
	중국어 :
	답변 :

3	한어병음 : Hǎo jiǔ bú jiàn!
	중국어 :
	답변 :

4	한어병음 : Chī fàn le ma?
	중국어 :
	답변 :

5	한어병음 : Nǐ jiào shénme míngzi?
	중국어 :
	답변 :

이름   학번   점수
전공

불러주는 발음을 듣고 해당하는 한자, 한어병음(성조 포함), 뜻을 쓰세요.

1   한자 :   한어병음 :   뜻 :

2   한자 :   한어병음 :   뜻 :

3   한자 :   한어병음 :   뜻 :

4   한자 :   한어병음 :   뜻 :

5   한자 :   한어병음 :   뜻 :

6   한자 :   한어병음 :   뜻 :

7   한자 :   한어병음 :   뜻 :

8   한자 :   한어병음 :   뜻 :

9   한자 :   한어병음 :   뜻 :

10   한자 :   한어병음 :   뜻 :

제시된 한어병음을 중국어로 쓰고, 알맞은 대답을 중국어로 쓰세요.

1

한어병음 : Nǐ shì xuésheng ma?

중국어 :

답변 :

2

한어병음 : Nǐ de zhuānyè shì shénme?

중국어 :

답변 :

3

한어병음 : Nǐ shì nǎge dàxué de xuésheng?

중국어 :

답변 :

4

한어병음 : Xiànzài nǐ qù nǎr?

중국어 :

답변 :

5

한어병음 : Jīnnián nǐ duō dà?

중국어 :

답변 :

Part 03

이름   학번   점수

전공

불러주는 발음을 듣고 해당하는 한자, 한어병음(성조 포함), 뜻을 쓰세요.

1   한자 :   한어병음 :   뜻 :

2   한자 :   한어병음 :   뜻 :

3   한자 :   한어병음 :   뜻 :

4   한자 :   한어병음 :   뜻 :

5   한자 :   한어병음 :   뜻 :

6   한자 :   한어병음 :   뜻 :

7   한자 :   한어병음 :   뜻 :

8   한자 :   한어병음 :   뜻 :

9   한자 :   한어병음 :   뜻 :

10   한자 :   한어병음 :   뜻 :

제시된 한어병음을 중국어로 쓰고, 알맞은 대답을 중국어로 쓰세요.

1

한어병음 : Jīntiān xīngqī jǐ?

중국어 :

답변 :

2

한어병음 : Nǐ de shēngrì shì jǐ yuè jǐ hào?

중국어 :

답변 :

3

한어병음 : Jīntiān tiānqì zěnmeyàng?

중국어 :

답변 :

4

한어병음 : Míngtiān xiàwǔ nǐ zài nǎr?

중국어 :

답변 :

5

한어병음 : Xiànzài jǐ diǎn?

중국어 :

답변 :

📝 불러주는 발음을 듣고 해당하는 한자, 한어병음(성조 포함), 뜻을 쓰세요.

1   한자 :   한어병음 :   뜻 :

2   한자 :   한어병음 :   뜻 :

3   한자 :   한어병음 :   뜻 :

4   한자 :   한어병음 :   뜻 :

5   한자 :   한어병음 :   뜻 :

6   한자 :   한어병음 :   뜻 :

7   한자 :   한어병음 :   뜻 :

8   한자 :   한어병음 :   뜻 :

9   한자 :   한어병음 :   뜻 :

10   한자 :   한어병음 :   뜻 :

제시된 한어병음을 중국어로 쓰고, 알맞은 대답을 중국어로 쓰세요.

1

한어병음 : Míngtiān wǒmen yìqǐ chī fàn, zěnmeyàng?

중국어 :

답변 :

2

한어병음 : Nǐ měitiān jǐ diǎn huí jiā?

중국어 :

답변 :

3

한어병음 : Xǐshǒujiān zài nǎr?

중국어 :

답변 :

4

한어병음 : Nǐ de àihào shì shénme?

중국어 :

답변 :

5

한어병음 : Nǐ kànguo Zhōngguó diànyǐng ma?

중국어 :

답변 :

이름　　　　　　　　　　학번　　　　　　　점수
전공

불러주는 발음을 듣고 해당하는 한자, 한어병음(성조 포함), 뜻을 쓰세요.

1　　한자 :　　　　　　　　한어병음 :　　　　　　뜻 :

2　　한자 :　　　　　　　　한어병음 :　　　　　　뜻 :

3　　한자 :　　　　　　　　한어병음 :　　　　　　뜻 :

4　　한자 :　　　　　　　　한어병음 :　　　　　　뜻 :

5　　한자 :　　　　　　　　한어병음 :　　　　　　뜻 :

6　　한자 :　　　　　　　　한어병음 :　　　　　　뜻 :

7　　한자 :　　　　　　　　한어병음 :　　　　　　뜻 :

8　　한자 :　　　　　　　　한어병음 :　　　　　　뜻 :

9　　한자 :　　　　　　　　한어병음 :　　　　　　뜻 :

10　 한자 :　　　　　　　　한어병음 :　　　　　　뜻 :

📝 제시된 한어병음을 중국어로 쓰고, 알맞은 대답을 중국어로 쓰세요.

1

한어병음 : Zhège zhōumò nǐ zuò shénme?

중국어 :

답변 :

2

한어병음 : Nǐ yào mǎi shénme shuǐguǒ?

중국어 :

답변 :

3

한어병음 : Nǐ zuò shénme gōngzuò?

중국어 :

답변 :

4

한어병음 : Dìtiězhàn lí zhèr yuǎn ma?

중국어 :

답변 :

5

한어병음 : Yínháng zài nǎr?

중국어 :

답변 :

불러주는 발음을 듣고 해당하는 한자, 한어병음(성조 포함), 뜻을 쓰세요.

1   한자 :   한어병음 :   뜻 :

2   한자 :   한어병음 :   뜻 :

3   한자 :   한어병음 :   뜻 :

4   한자 :   한어병음 :   뜻 :

5   한자 :   한어병음 :   뜻 :

6   한자 :   한어병음 :   뜻 :

7   한자 :   한어병음 :   뜻 :

8   한자 :   한어병음 :   뜻 :

9   한자 :   한어병음 :   뜻 :

10   한자 :   한어병음 :   뜻 :

제시된 한어병음을 중국어로 쓰고, 알맞은 대답을 중국어로 쓰세요.

1
한어병음 : Shǔjià nǐ yào zuò shénme?

중국어 :

답변 :

2
한어병음 : Wǒmen shénme shíhou jiàn?

중국어 :

답변 :

3
한어병음 : Píngguǒ yì jīn duōshao qián?

중국어 :

답변 :

4
한어병음 : Nǐ de shǒujī hàomǎ shì duōshao?

중국어 :

답변 :

5
한어병음 : Tā shì shéi?

중국어 :

답변 :

불러주는 발음을 듣고 해당하는 한자, 한어병음(성조 포함), 뜻을 쓰세요.

1   한자 :   한어병음 :   뜻 :

2   한자 :   한어병음 :   뜻 :

3   한자 :   한어병음 :   뜻 :

4   한자 :   한어병음 :   뜻 :

5   한자 :   한어병음 :   뜻 :

6   한자 :   한어병음 :   뜻 :

7   한자 :   한어병음 :   뜻 :

8   한자 :   한어병음 :   뜻 :

9   한자 :   한어병음 :   뜻 :

10   한자 :   한어병음 :   뜻 :

제시된 한어병음을 중국어로 쓰고, 알맞은 대답을 중국어로 쓰세요.

1

한어병음 : Nǐmen tīngdǒng le ma?

중국어 :

답변 :

2

한어병음 : Zhèli kěyǐ shàngwǎng ma?

중국어 :

답변 :

3

한어병음 : Zhè fùjìn yǒu hǎochī de cāntīng ma?

중국어 :

답변 :

4

한어병음 : Fúwùyuán, gěi wǒ càidān hǎo ma?

중국어 :

답변 :

5

한어병음 : Nǐ yào hē kāfēi háishi chá?

중국어 :

답변 :

📝 불러주는 발음을 듣고 해당하는 한자, 한어병음(성조 포함), 뜻을 쓰세요.

1   한자 :   한어병음 :   뜻 :

2   한자 :   한어병음 :   뜻 :

3   한자 :   한어병음 :   뜻 :

4   한자 :   한어병음 :   뜻 :

5   한자 :   한어병음 :   뜻 :

6   한자 :   한어병음 :   뜻 :

7   한자 :   한어병음 :   뜻 :

8   한자 :   한어병음 :   뜻 :

9   한자 :   한어병음 :   뜻 :

10   한자 :   한어병음 :   뜻 :

제시된 한어병음을 중국어로 쓰고, 알맞은 대답을 중국어로 쓰세요.

1	한어병음 : Nǐ huì shuō Hànyǔ ma?	
	중국어 :	
	답변 :	

2	한어병음 : Míngtiān zhōngwǔ kāihuì, nǐ néng bu néng cānjiā?	
	중국어 :	
	답변 :	

3	한어병음 : Zhèr fùjìn yǒu yīyuàn ma?	
	중국어 :	
	답변 :	

4	한어병음 : Nǐ nǎr bù shūfu?	
	중국어 :	
	답변 :	

5	한어병음 : Nǐ xǐhuan shénme yánsè?	
	중국어 :	
	답변 :	

✏️ 불러주는 발음을 듣고 해당하는 한자, 한어병음(성조 포함), 뜻을 쓰세요.

1 한자 :   한어병음 :   뜻 :

2 한자 :   한어병음 :   뜻 :

3 한자 :   한어병음 :   뜻 :

4 한자 :   한어병음 :   뜻 :

5 한자 :   한어병음 :   뜻 :

6 한자 :   한어병음 :   뜻 :

7 한자 :   한어병음 :   뜻 :

8 한자 :   한어병음 :   뜻 :

9 한자 :   한어병음 :   뜻 :

10 한자 :   한어병음 :   뜻 :

제시된 한어병음을 중국어로 쓰고, 알맞은 대답을 중국어로 쓰세요.

1

한어병음 : Nǐ xǐhuan shénme jìjié?

중국어 :

답변 :

2

한어병음 : Qīzhōng kǎoshì kǎo de zěnmeyàng?

중국어 :

답변 :

3

한어병음 : Nǐ juéde xué Hànyǔ zěnmeyàng?

중국어 :

답변 :

4

한어병음 : Wǒmen xiūxi yíhuìr, hǎo ma?

중국어 :

답변 :

5

한어병음 : Cóng zhèr dào Shǒu'ěr yào duōcháng shíjiān?

중국어 :

답변 :

이름　　　　　　　　　학번　　　　　　　　　점수
　　　　　　　　　　　　　　　　　　　　　전공

📝 불러주는 발음을 듣고 해당하는 한자, 한어병음(성조 포함), 뜻을 쓰세요.

1　한자 :　　　　　　　　한어병음 :　　　　　　뜻 :

2　한자 :　　　　　　　　한어병음 :　　　　　　뜻 :

3　한자 :　　　　　　　　한어병음 :　　　　　　뜻 :

4　한자 :　　　　　　　　한어병음 :　　　　　　뜻 :

5　한자 :　　　　　　　　한어병음 :　　　　　　뜻 :

6　한자 :　　　　　　　　한어병음 :　　　　　　뜻 :

7　한자 :　　　　　　　　한어병음 :　　　　　　뜻 :

8　한자 :　　　　　　　　한어병음 :　　　　　　뜻 :

9　한자 :　　　　　　　　한어병음 :　　　　　　뜻 :

10　한자 :　　　　　　　　한어병음 :　　　　　　뜻 :

📝 제시된 한어병음을 중국어로 쓰고, 알맞은 대답을 중국어로 쓰세요.

1

한어병음 : Nǐ zuótiān wèishénme méi lái shàngkè?

중국어 :

답변 :

2

한어병음 : Duìbuqǐ, wǒ chídào le.

중국어 :

답변 :

3

한어병음 : Zhège zhōumò yǒu jùhuì, nǐ néng qù ma?

중국어 :

답변 :

4

한어병음 : Wǒ yǐjīng dào le, nǐ zài nǎr?

중국어 :

답변 :

5

한어병음 : Nǐ de nǚ péngyou zhǎng de zěnmeyang?

중국어 :

답변 :

이름　　　　　　　　　학번　　　　　　　점수

전공

불러주는 발음을 듣고 해당하는 한자, 한어병음(성조 포함), 뜻을 쓰세요.

1　한자 :　　　　　　　　한어병음 :　　　　　　뜻 :

2　한자 :　　　　　　　　한어병음 :　　　　　　뜻 :

3　한자 :　　　　　　　　한어병음 :　　　　　　뜻 :

4　한자 :　　　　　　　　한어병음 :　　　　　　뜻 :

5　한자 :　　　　　　　　한어병음 :　　　　　　뜻 :

6　한자 :　　　　　　　　한어병음 :　　　　　　뜻 :

7　한자 :　　　　　　　　한어병음 :　　　　　　뜻 :

8　한자 :　　　　　　　　한어병음 :　　　　　　뜻 :

9　한자 :　　　　　　　　한어병음 :　　　　　　뜻 :

10　한자 :　　　　　　　　한어병음 :　　　　　　뜻 :

제시된 한어병음을 중국어로 쓰고, 알맞은 대답을 중국어로 쓰세요.

1	한어병음 : Nǐ gēn péngyou yìbān zuò shénme?	
	중국어 :	
	답변 :	

2	한어병음 : Dàxué bìyè yǐhòu nǐ xiǎng zuò shénme?	
	중국어 :	
	답변 :	

3	한어병음 : Nǐ xiǎng shénme shíhou jiéhūn?	
	중국어 :	
	답변 :	

4	한어병음 : Qǐng nǐ bāng wǒ zhàoxiàng, hǎo ma?	
	중국어 :	
	답변 :	

5	한어병음 : Jīntiān wǒ qǐngkè.	
	중국어 :	
	답변 :	

불러주는 발음을 듣고 해당하는 한자, 한어병음(성조 포함), 뜻을 쓰세요.

1　　한자 :　　　　　　　　한어병음 :　　　　　　뜻 :

2　　한자 :　　　　　　　　한어병음 :　　　　　　뜻 :

3　　한자 :　　　　　　　　한어병음 :　　　　　　뜻 :

4　　한자 :　　　　　　　　한어병음 :　　　　　　뜻 :

5　　한자 :　　　　　　　　한어병음 :　　　　　　뜻 :

6　　한자 :　　　　　　　　한어병음 :　　　　　　뜻 :

7　　한자 :　　　　　　　　한어병음 :　　　　　　뜻 :

8　　한자 :　　　　　　　　한어병음 :　　　　　　뜻 :

9　　한자 :　　　　　　　　한어병음 :　　　　　　뜻 :

10　　한자 :　　　　　　　　한어병음 :　　　　　　뜻 :

제시된 한어병음을 중국어로 쓰고, 알맞은 대답을 중국어로 쓰세요.

1
한어병음 : Míngtiān tiānqì zěnmeyàng? Wǒ yào qù pá shān.

중국어 :

답변 :

2
한어병음 : Jīntiān zuò shénme?

중국어 :

답변 :

3
한어병음 : Wǒ yào qù jīchǎng, bāng wǒ jiào chūzūchē.

중국어 :

답변 :

4
한어병음 : Kǎoshì jǐ diǎn kāishǐ?

중국어 :

답변 :

5
한어병음 : Nǐ shénme shíhou huí guó, wǒ sòng nǐ.

중국어 :

답변 :

📝 불러주는 발음을 듣고 해당하는 한자, 한어병음(성조 포함), 뜻을 쓰세요.

1　　한자 :　　　　　　　　　한어병음 :　　　　　　　뜻 :

2　　한자 :　　　　　　　　　한어병음 :　　　　　　　뜻 :

3　　한자 :　　　　　　　　　한어병음 :　　　　　　　뜻 :

4　　한자 :　　　　　　　　　한어병음 :　　　　　　　뜻 :

5　　한자 :　　　　　　　　　한어병음 :　　　　　　　뜻 :

6　　한자 :　　　　　　　　　한어병음 :　　　　　　　뜻 :

7　　한자 :　　　　　　　　　한어병음 :　　　　　　　뜻 :

8　　한자 :　　　　　　　　　한어병음 :　　　　　　　뜻 :

9　　한자 :　　　　　　　　　한어병음 :　　　　　　　뜻 :

10　　한자 :　　　　　　　　　한어병음 :　　　　　　　뜻 :

제시된 한어병음을 중국어로 쓰고, 알맞은 대답을 중국어로 쓰세요.

1
한어병음 : Jīntiān jǐ yuè jǐ hào?

중국어 :

답변 :

2
한어병음 : Nǐ jǐ diǎn shàngkè?

중국어 :

답변 :

3
한어병음 : Míngtiān wǒ gěi nǐ dǎ diànhuà.

중국어 :

답변 :

4
한어병음 : Nǐ xiǎng hē shénme?

중국어 :

답변 :

5
한어병음 : Nǐ yǒu Zhōngguó péngyou ma?

중국어 :

답변 :

이름　　　　　　　　　학번　　　　　　　점수

전공

불러주는 발음을 듣고 해당하는 한자, 한어병음(성조 포함), 뜻을 쓰세요.

1　한자 :　　　　　　　　　한어병음 :　　　　　뜻 :

2　한자 :　　　　　　　　　한어병음 :　　　　　뜻 :

3　한자 :　　　　　　　　　한어병음 :　　　　　뜻 :

4　한자 :　　　　　　　　　한어병음 :　　　　　뜻 :

5　한자 :　　　　　　　　　한어병음 :　　　　　뜻 :

6　한자 :　　　　　　　　　한어병음 :　　　　　뜻 :

7　한자 :　　　　　　　　　한어병음 :　　　　　뜻 :

8　한자 :　　　　　　　　　한어병음 :　　　　　뜻 :

9　한자 :　　　　　　　　　한어병음 :　　　　　뜻 :

10　한자 :　　　　　　　　　한어병음 :　　　　　뜻 :

제시된 한어병음을 중국어로 쓰고, 알맞은 대답을 중국어로 쓰세요.

1 한어병음 : Nǐ xǐhuan kàn diànshìjù ma?

   중국어 :

   답변 :

2 한어병음 : Nǐ de lǎojiā zài nǎr?

   중국어 :

   답변 :

3 한어병음 : Nǐ yào diǎn shénme cài?

   중국어 :

   답변 :

4 한어병음 : Qù Běijīng de huǒchēpiào duōshao qián?

   중국어 :

   답변 :

5 한어병음 : Tīngshuō nǐ yào qù Zhōngguó liúxué, shì ma?

   중국어 :

   답변 :

불러주는 발음을 듣고 해당하는 한자, 한어병음(성조 포함), 뜻을 쓰세요.

1   한자 :   한어병음 :   뜻 :

2   한자 :   한어병음 :   뜻 :

3   한자 :   한어병음 :   뜻 :

4   한자 :   한어병음 :   뜻 :

5   한자 :   한어병음 :   뜻 :

6   한자 :   한어병음 :   뜻 :

7   한자 :   한어병음 :   뜻 :

8   한자 :   한어병음 :   뜻 :

9   한자 :   한어병음 :   뜻 :

10   한자 :   한어병음 :   뜻 :

제시된 한어병음을 중국어로 쓰고, 알맞은 대답을 중국어로 쓰세요.

1

한어병음 : Xiàtiān nǐmen qù nǎr lǚxíng?

중국어 :

답변 :

2

한어병음 : Chūnjié nǐmen zuò shénme?

중국어 :

답변 :

3

한어병음 : Tīngshuō nǐ zhǎodào gōngzuò le, gōngxǐ gōngxǐ.

중국어 :

답변 :

4

한어병음 : Nǐ měitiān zěnme shàngxué?

중국어 :

답변 :

5

한어병음 : Lǎoshī, xīnkǔ le!

중국어 :

답변 :

MEMO

MEMO

MEMO

MEMO

중국어뱅크

이지
차이니즈

왕초보도
쉽게 배우는
중국어

300

워크북

외국어 출판 40년의 신뢰
외국어 전문 출판 그룹
동양북스가 만드는 책은 다릅니다.

40년의 쉼 없는 노력과 도전으로 책 만들기에 최선을 다해온 동양북스는
오늘도 미래의 가치에 투자하고 있습니다.
대한민국의 내일을 생각하는 도전 정신과 믿음으로 최선을 다하겠습니다.

📖 동양북스

📖 동양북스 추천 교재

일본어 교재의 최강자, 동양북스 추천 교재

회화 코스북

일본어뱅크 다이스키
STEP 1 · 2 · 3 · 4 · 5 · 6 · 7 · 8

일본어뱅크
좋아요 일본어 1 · 2 · 3

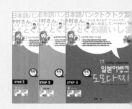

일본어뱅크 도모다찌
STEP 1 · 2 · 3

분야서

일본어뱅크
NEW 스타일 일본어 문법

일본어뱅크
일본어 작문 초급

일본어뱅크
사진과 함께하는
일본 문화

일본어뱅크
항공 서비스 일본어

가장 쉬운 독학
일본어 현지회화

수험서

일취월장 JPT
독해 · 청해

일취월장 JPT
실전 모의고사 500 · 700

일단 합격하고 오겠습니다
JLPT 일본어능력시험
N1 · N2 · N3 · N4 · N5

일단 합격하고 오겠습니다
JLPT 일본어능력시험
실전모의고사 N1 · N2 · N3 · N4/5

단어 · 한자

특허받은
일본어 한자 암기박사

일본어 상용한자 2136
이거 하나면 끝!

일본어뱅크
New 스타일 일본어 한자 1 · 2

가장 쉬운 독학
일본어 단어장

일단 합격하고 오겠습니다
JLPT 일본어능력시험
단어장 N1 · N2 · N3

중국어 교재의 최강자, 동양북스 추천 교재

중국어뱅크 북경대학 신한어구어
1·2·3·4·5·6

중국어뱅크 스마트중국어
STEP 1·2·3·4

중국어뱅크 집중중국어
STEP 1·2·3·4

중국어뱅크
문화중국어 1·2

중국어뱅크
관광 중국어 1·2

중국어뱅크
여행실무 중국어

중국어뱅크
호텔 중국어

중국어뱅크
판매 중국어

중국어뱅크
항공 서비스 중국어

중국어뱅크
시청각 중국어

정반합 新HSK
1급·2급·3급·4급·5급·6급

버전업! 新HSK 한 권이면 끝
3급·4급·5급·6급

버전업! 新HSK
VOCA 5급·6급

가장 쉬운 독학 중국어 단어장

중국어뱅크
중국어 간체자 1000

특허받은
중국어 한자 암기박사

📖 동양북스 추천 교재

기타외국어 교재의 최강자, 동양북스 추천 교재

중고급 학습

첫걸음 끝내고 보는
프랑스어
중고급의 모든 것

첫걸음 끝내고 보는
스페인어
중고급의 모든 것

첫걸음 끝내고 보는
독일어
중고급의 모든 것

첫걸음 끝내고 보는
태국어
중고급의 모든 것

단어장

버전업! 가장 쉬운
프랑스어 단어장

버전업! 가장 쉬운
스페인어 단어장

버전업! 가장 쉬운
독일어 단어장

여행 회화

NEW 후다닥
여행 중국어

NEW 후다닥
여행 일본어

NEW 후다닥
여행 영어

NEW 후다닥
여행 독일어

NEW 후다닥
여행 프랑스어

NEW 후다닥
여행 스페인어

NEW 후다닥
여행 베트남어

NEW 후다닥
여행 태국어

수험서 · 교재

한 권으로 끝내는 DELE
어휘 · 쓰기 · 관용구편 (B2~C1)

수능 기초 베트남어
한 권이면 끝!

버전업!
스마트 프랑스어

일단 합격하고 오겠습니다
독일어능력시험
A1 · A2 · B1 · B2(근간 예정)